脱・下流老人

年金、生きがい、つながりを立て直す

藤

NHK出版新書
685

はじめに――「下流老人」7年目の真実

「下流老人」という言葉をご存じだろうか。

無料で生活や福祉に関する相談を行うNPO法人「ほっとプラス」の代表として、生活困窮者の支援に走り回っていた2015年6月、私は『下流老人』という一冊の本を世に出した。「生活保護基準相当で暮らす高齢者およびその恐れがある高齢者」を「下流老人」と定義し、そのうえで彼ら、彼女らが直面している切実な現実を社会の俎上に載せようと試みたのである。

いささかセンセーショナルなタイトルであることは自覚していたが、問題の深刻さを簡潔かつ鮮烈に読者に印象付けるために、当時の担当編集者と相談してあえてこのタイトルをつけさせてもらった。

一般に現代日本の高齢者は、現役時代にあっては終身雇用制度に守られ、就職も結婚もさしたる苦労はせず、高度成長期の恩恵に浴して収入は右肩上がり。定年退職後も高水準の年金が支給され、悠々自適の生活を送っているかのように見られることが少なくない。しかし私はソーシャルワーカーとして生活困窮者の支援に携わってきた経験を通じて、そのような格差社会における「逃げ切り世代」のイメージとは程遠い、数多くの悲惨な高齢者たちを目の当たりにしてきた。

一日に一度しか食事をとれず、スーパーで見切り品の惣菜だけをもってレジに並ぶ老人や、生活の苦しさから万引きを犯し、店員や警察官に叱責される老人、あるいは医療費が払えないため、病気を治療できずに自宅で市販薬を飲んで痛みをごまかしながら暮らす老人たち。誰にも看取られることなくアパートの一室で、腐乱した遺体として発見される人さえいる。そしてそうした高齢者が決して少数ではないことを、さまざまな統計が証明してもいた。

「そうしたお年寄りはアリとキリギリスの寓話に出てくるキリギリスのような人々で、若いときに放埓な生活をしていたせいで、年をとってから若い頃のツケを払わされているのだ。いわば自業自得だ」と思う人もいるだろうか。しかし、高齢者の貧困問題は、そのような単純な自己責任論では決して回収できない。若い頃から堅実な生活を送り、老後にしっかりと備えていたはずの中流以上の人が、高齢者になってから何かのきっかけで下流に転落することは決して珍しくないのだ。

『続・下流老人』で紹介した事例だが、たとえば、栃木県在住の元地方公務員の男性Aさん（取材時点で74歳）は、現役時代の年収が800万円を超え、持ち家の住宅ローンは現役時代に完済、退職時には約3000万円の退職金が支給され、年金の受給額も厚く、奥さんの国民年金と合わせれば月30万円になるという、傍から見れば裕福といえなくもない生活を送っていた。しかしそんな生活は、Aさんが68歳のときに娘のBさん（40代）が離婚し、3人の子どもを連れて実家に戻ってきてから暗転した。Bさんは嫁ぎ先で夫から長年にわたるDVを受けたことで重度のうつ病にかかっていた。とても働いて子育てできるような状態になく、結果的にAさん夫婦はBさんや孫たちの生活を支えるため、高齢期に「二度目の子育て」をすることになった。Bさんはとにかく縁を切りたいので、元夫からの養育費は望まないという。Bさんの医療費や孫たちの学費、自分たちを含めた5人分の生活費は約30万円の年金ではとても賄えず、やむなくAさんはマンション管理人の仕事に就いて月12万～13万円ほどの収入を得るようになった。しかしそれでも生活にはまったく余裕がなく、娘や孫たちの将来を思うと不安しかないという。この事例は、シングルマザーの問題でもあるが、シングルマザーが実家の両親に援助を求め、親子で共倒れする連鎖リスクがあることを示している。

結果として『下流老人』は、刊行後に著者である私にも予想できなかったほどの大きな反響を呼び起こし、2016年12月には続編となる『続・下流老人』を刊行することになった。この続編では前作で論じきれなかった「高齢期の労働と貧困」の問題に焦点をあてるとともに、すべての貧困問題の解決策に向けた私なりの提言をさせてもらった。

『下流老人』シリーズ2作を書いて私が良かったと思っていることの一つは、高齢者の貧困問題がきわめて深刻であるという実態を、広範かつ印象的に伝えられたことだ。多くの人が自分ごととして捉えてくれれば、問題解決に取り組む人も増える。

これまで社会福祉の分野で高齢者問題といえば、介護や医療の問題に限定されて語られてきたきらいがあった。

現代日本では、65歳以上の高齢者や40~64歳までの特定疾病患者のうち介護が必要になった人は介護保険制度を通じて、社会全体で支える建前になっている。この介護保険制度を利用できる高齢者の場合は、介護なり医療につながりさえすれば、医療費についても減免の制度を利用でき、介護内容についてケアマネージャーに相談した上でヘルパーを派遺してもらうことも可能だ。しかし現実には、減免された額ですら支給される年金が少ないため、支払いが困難であったり、介護保険の利用さえできない高齢者は多い。つまり、介護も医療も、ある程度の所得、貯蓄がなければ利用できない状態なのである。それにもかかわらず、そうした現実は社会的にあまり意識されてこなかった。

それが『下流老人』シリーズが多くの人に読んでもらえてからは、高齢者の低年金をはじめとする困窮問題が、介護・医療にまさるとも劣らない深刻な社会的課題だと、ある程度広範に認知されるようになった。

19年10月の消費税10％への引き上げに合わせて、いわゆる低年金高齢者を対象とした「年金生活者支援給付金」という制度が始まった。わずかな額ではあるが、年金に上乗せする形で支援金が支給されるようになったのも、その意識が政府関係者にも共有された結果だろう。ある厚生労働省の幹部官僚は「下流老人対策予算」と呼んでいたくらいだ。

あるいは、住民税が非課税の世帯に対する「臨時特別給付金」が一律10万円支給された。働いている若年層から批判があったように、非課税世帯のほとんどは高齢者世帯が占めており、これも実質的には貧困高齢者に対する救済策であったと見ることができる、

もちろん、いまの日本で貧しさにあえいでいるのは高齢者だけではなく、若者や氷河期

世代を中心とした現役世代も同じか、それ以上に苦しい状況にあるのは間違いない。彼らへの支援もまた喫緊の課題である。そちらに関心がある方は16年刊行の『貧困世代』、20年の『棄民世代』などの著作で、中年期を迎えた氷河期世代の貧困に焦点をあてたので参照いただきたい。年齢に関係なく、全世代への支援を拡充する機運は高まっているように思う。

一方で『下流老人』があれだけ広く読まれたにもかかわらず、7年後のいまも変わっていないことがたくさんある。

高齢者世帯の負担を軽くするための法整備はできていないし、年金問題はとりわけ抜本的な改善が見られない。『下流老人』シリーズで、私は無年金者や低額の年金受給者をなくすために全額国庫負担の「最低保障年金制度」を創設するよう提言してきたが、現実はこの制度が議論されるどころか、支給額自体が下がり続けている。

生活保護制度の利用しづらさも相変わらずだ。高齢者が生活保護申請を検討しても、自宅が持ち家だったり、車を保有していたりするだけで、受給に結びつかないケースが多すぎる。

そもそも『下流老人』やそれ以降のすべての著作で、既存の社会保障制度を是正し、生活保護の制度も利用しやすいものに改変することを主張してきた。だが、この主張自体、依然として社会から理解されているとはいえない。

『下流老人』刊行後7年の間、高齢者の貧困問題を是正するために実際に行われたことは、結局のところ、元々ある年金制度に手を付けず、「給付金」という形で、年金に若干の上乗せをすることだけだった、ともいえるわけだ。このいかにも場当たり的な是正しか行われなかった結果、生活に困窮する高齢者は相変わらず増え続け、悲惨さの度合いも増している。まさに「弥縫策《びほうさく》」に終始してきた結果だろう。これをいまからでも止めなければ、進行し続ける超高齢化社会である日本において、死ぬまで働かされ続けるような未来が待ち受けている。

そこで刊行から7年を経て出すことになった本書では、高齢者の貧困問題を、特に高齢期の労働という側面にもう一度フォーカスし、社会として何をなすべきなのか考えることにした。年金、社会保障に頼れず、無理してでも働く高齢者の姿からいろいろな現実が見えてくるはずだ。

本書の構成は次のようになっている。

第1章では、70～74歳代の就労率の上昇など、シニアワーカーの抱える現実を、各種統計とともに、彼らへの取材例から考えていく。また昨今、労災で亡くなる高齢者が増えている実態などもリポートする。

第2章では、低年金や無年金の高齢者がなぜこれほど多く生まれているか、また生活保護世帯の過半数が高齢者世帯であること、女性の低年金問題などを論じる。そして、全国年金者組合が起こしている、マクロ経済スライドによる年金減額に対する「年金引き下げ違憲訴訟」を取り上げ、低年金者のリアルな声を届ける。

第3章は、安倍晋三・元首相銃撃事件の容疑者が氷河期世代にあたることを端緒として、私も同年代であるこの世代特有の過酷さ、悲惨さとともに、これから彼らが高齢化するにつれて起きる日本の課題を示す。すでに顕在化しつつある「８０５０問題」も含め、２０４０年に日本はどのような社会になっているか、戦慄の予測を示す。

第4章では、働くことの意味を問い直す。高齢期には本来、賃労働にとらわれない、社会貢献なども兼ねた、やりがいのある労働が可能になるはずだと考えているが、それを阻んでいる要因などを考える。また、コロナ禍でエッセンシャルワークの重要性に多くの人が気づいたが、その割には雑に扱われがちな配達ドライバーの問題と彼らが労組をたちあげた動きなどにも注目する。

第5章では、協同労働やコミュニティにおける連帯の可能性を示す。労働者協同組合（ワーカーズコープ）など、私的所有からコモン（共有財産）への転換の動きも報告する。関連して、東京・荏原中延《えばらなかのぶ》で隣町珈琲《カフェ》をひらき、共有の文化資本構築を実践している著述家の平川克美氏との対談も収録する。

第6章は、あるべき社会保障の未来を論じている。低年金や無年金に対して、現行制度では生活保護がセーフティーネットとしてあるが、低い捕捉率であり、なぜうまく機能していないのか、問題点を整理する。将来的には、最低保障年金制度が望まれることを含め、すぐにでも着手できる住まいの貧困を解消するための方策などについても論じる。

これからも増え続ける高齢者が幸せで豊かに暮らし、若者も将来はこういう高齢者になりたい、と思えるような社会にしていきたい。残念ながら、現状のシステムではそのような社会にほど遠く、高齢期は不安に満ち溢れている。若年期から資産形成、投資が推奨され、高齢期は自分たちで守り、準備するものだと思わされている。しかし、第4章以降では厳しい現実を踏まえつつ、それを逆手にとって考え方を転換し、豊かに生きるための方策を提案したつもりだ。お金よりも人と人がつながることによる幸福感、協同労働や地域貢献のもつ可能性についても言及した。さらに資本主義の限界が叫ばれているなかで、フードバンクなどの脱商品化をはかる動きとその支援、ベーシックサービスの無償化などの提言を行っている。こうした将来不安にうち克つためのアクションを一人ひとりが行っていけば社会は変わる。

パラダイムシフトはゆっくりと、しかし着実に始まっているのだ。誰もが不安なく生きられる社会の構築に向けて「脱・下流老人」を旗印《はたじるし》にして一緒に考えてゆきたい。

脱・下流老人　目次

第1章　シニアワーカーのリアル

70〜74歳でも3割強が働いている

日頃コンビニやファストフードなどの店で買い物をしていて、本来若者向けにデザインされたであろう派手な色合いのユニフォームで働いている高齢者店員を目にする機会が増えているかもしれない。これは錯覚ではない。日本の高齢者が非常によく働いており、労働人口全体に占める割合が拡大していることは、内閣府が毎年公表している「高齢社会白書」が客観的に証明している。

同白書の最新2022年版によると、2021年時点で日本の労働力人口（就業者と完全失業者を合わせた人口）は6907万人いる。そしてこのうち60〜64歳の年齢層に属している人は545万人で、65〜69歳は410万人、70歳以上の人は516万人である。60歳以上の人を合計すると、実に1471万人に達する。

また労働力人口に占める65歳以上の割合は右肩上がりであり、この率は1980年には4・9%、10年前、2011年でも8・9%だった。それが2021年には13・4%まで急増しているのだから、街中で「働く高齢者が増えたな」と感じていたとしてもなんの不思議もないのだ（図1-1）。

また60歳以上の高齢者のうち仕事に就いている人の割合を男女別に見ると、男性の場合、

図1-1　労働力人口に占める65歳以上の割合

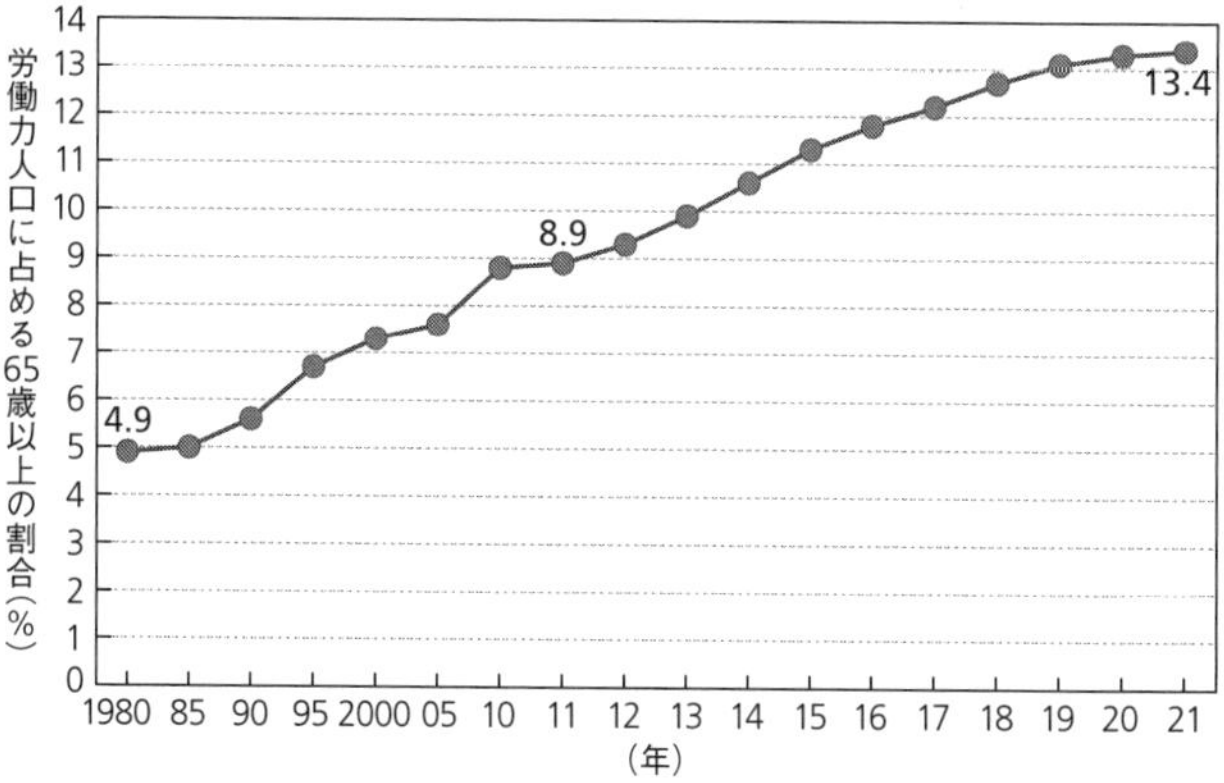

出典：総務省、労働力調査（2021年）

図1-2　55歳以上の者の就業状況

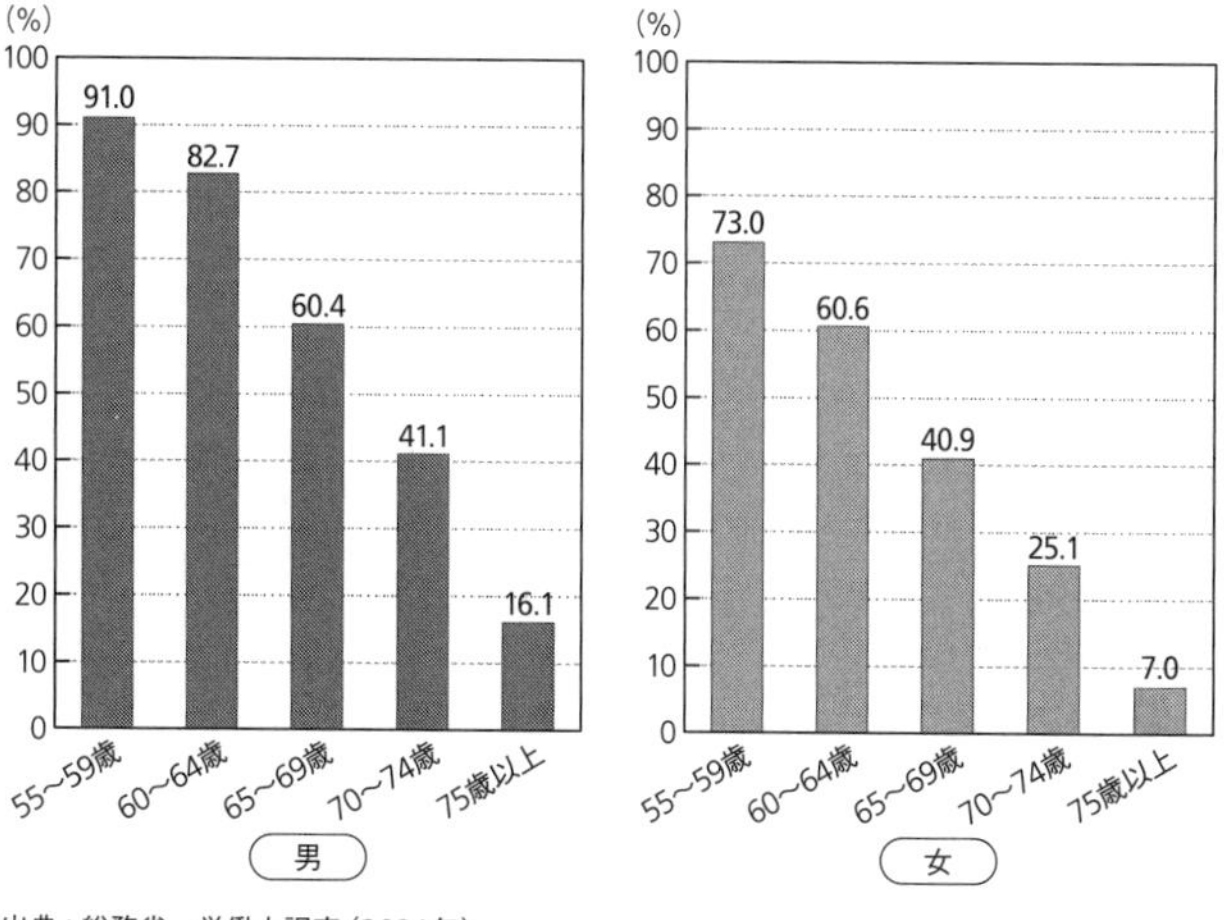

出典：総務省、労働力調査（2021年）

60～64歳で82・7％、65～69歳で60・4％、70～74歳で41・1％。75歳以上でも16・1％は就労している（図1－2）。

2000年の法改定により、日本人の年金支給開始年齢はそれまでの60歳から65歳へと引き上げられることが決まり、男性の場合は13年から、女性の場合は18年から実施されている。しかし、実際には年金だけで暮らす人は少なくなりつつあり、65歳を過ぎても6割ほどの高齢者男性が働いているということだ。これはすなわち、定年後働くかどうかの選択というより、定年後も働くことはもはや当たり前になりつつあり、今後も65歳以上の就業者が増加し、就業率も上がり続けるだろうことを示唆している。

また女性の場合も、60～64歳で60・6％、65～69歳で40・9％、70～74歳は25・1％、75歳以上で7・0％とかなりの割合の人が働いている。要するに現在の日本では、男女合わせて70～74歳になっても3割強が働いているわけだ。

このような、非常に多くの高齢者が働いている状況は国際的に見れば決して標準的なことではない。OECDが公表している数値によると、主要国における65歳以上の高齢者の就業率（2021年時点）はアメリカで18・0％、カナダで12・9％、イギリスで10・3％、ドイツで7・4％、イタリアで5・1％、フランスで3・4％である。

図1-3　主要国における高齢者の就業率の比較（2011年、2021年）

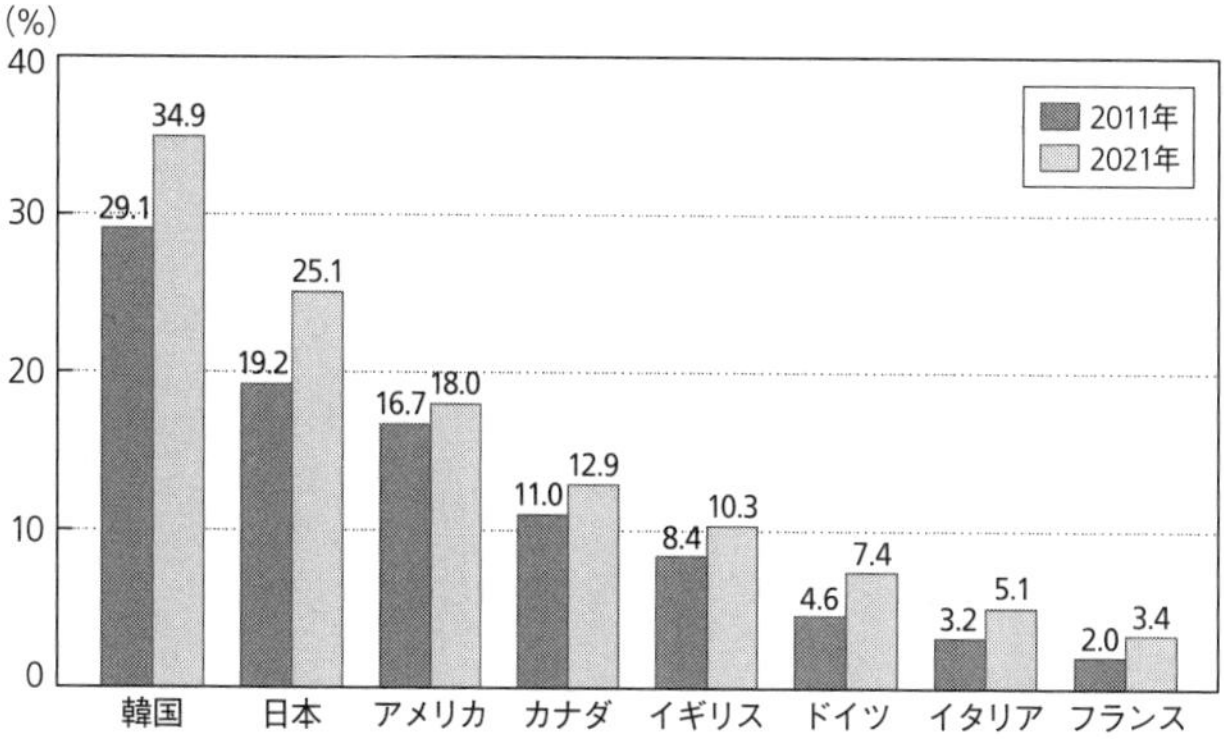

出典：総務省、労働力調査（基本集計）、他国はOECD.stat

それに対して日本では25・1％なのだから、日本の高齢者は韓国に続き世界的に見て「突出して働いている」のは明らかだろう（図1－3）。

高齢者は「お得」な労働力か

次にこの働く高齢者の雇用形態を年齢別、男女別に見ていくと、その多くがアルバイトやパートなど、不安定雇用であることがわかる。

その落差は55～59歳の男性の雇用形態とそれ以降の年代を比べると非常にわかりやすい。この年代の男性の雇用形態を見ると、80％以上は「正規の職員・従業員」であり、「パート」「アルバイト」「派遣社員」「契約社員」などを合計した非正規雇用者が占める率は10・5％に過ぎない。ところが、これが60歳以上になると再雇

図1-4　非正規雇用者率（役員を除く）

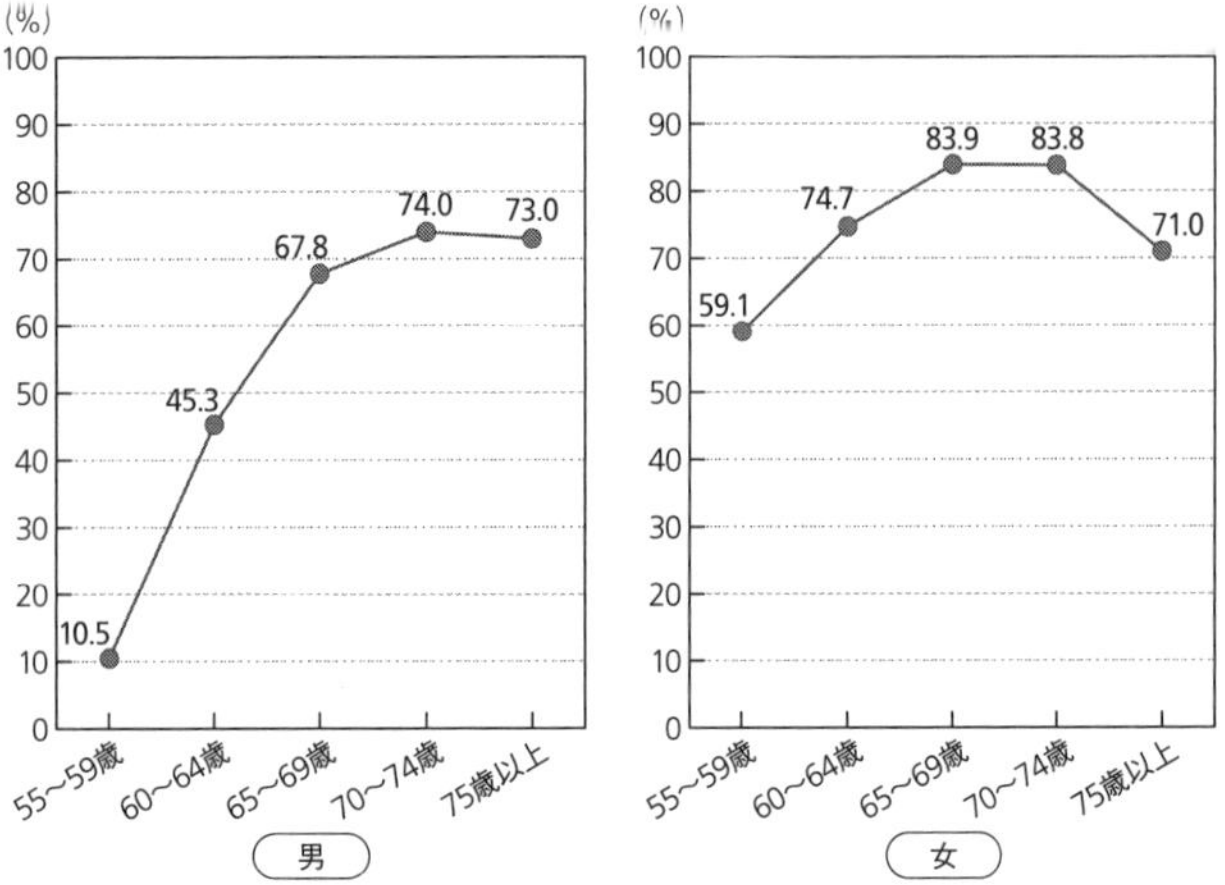

出典：総務省、労働力調査（2021年）（注：役員を除く）

用制度の影響で非正規率がグッと高まり、男性でも60～64歳は45・3％が非正規、65～69歳では67・8％、70～74歳の74・0％、75歳以上の73・0％は非正規となっているのだ（図1－4）。

定年後、再雇用で働く場合、一般的に65歳まで1年契約の有期雇用を更新するが、これは非正規社員としての新たな雇用契約を会社と結ぶことになる。そして、再雇用では業務量や勤務時間はそれ程変化しないが、給料は4～6割減になることが多い。

続いて女性の非正規率を見ていこう。女性の場合、55～59歳の59・1％が非正規雇用なのだが、それでも同じ年代で4

割ほどは正規雇用者となっている。

それが60～64歳は74・7％が非正規、65～69歳では83・9％、70～74歳の83・8％、75歳以上の71・0％は非正規なのである。高齢者が非正規の仕事についた理由としては、男女とも「自分の都合のよい時間帯に働きたいから」が3割を超え、最も高い。一方で、そもそも「正規の職員・従業員の仕事がないから」も男性では10・6％あった。

65歳以上の者を正規で雇える企業がほとんどないという現実は致し方ないことと受け止められるかもしれないが、日本における非正規雇用は人件費を抑えられる、企業側に都合のいい雇用の調整弁のように使われてきた。

放送大学の宮本みち子名誉教授（生活保障論）は次のように発言している。

「2001年に誕生した小泉純一郎政権による規制緩和によって企業は人件費を抑えられる非正規雇用を増やす雇用構造への転換を進めました。非正規雇用が絶対的にいけないのではありません。ただ、日本は海外の福祉国家と比べ、正社員と非正規社員の賃金や福利厚生の格差を大きくする差別的な処方を続けてきました。その結果、貧困層が増えたと考えています」（「AERA」22年7月4日号）

意欲ある高齢者に非正規雇用で安く働いてもらえることは、皮肉をこめていえば企業にとってさぞかし好都合なことだろう。たとえば、年金では足りない生活費数万円を稼ぎたい高齢者を見込んでパートの求人広告を出すといったように……。人材確保が難しい時代といわれる一方、超高齢社会の「安くて使える人材」はシニア層にはまだ豊富にあり、こうした人材市場の開拓を狙う企業も多数あると思われる。

シニア労災急増の衝撃

非正規の仕事には、多くの人が敬遠しそうな危険な仕事や肉体的、精神的にきつい仕事も含まれる。結果として、これらの仕事に伴う危険の総量は、労働災害の件数として現れる。

2022年5月30日の「東京新聞」記事はそのことを明らかにした。厚生労働省が毎月公表する労働災害発生状況（速報）をもとに同紙がまとめた内容によれば、21年に労働災害で亡くなった60歳以上の高齢者は360人に達し、これはこの年の労災死亡者全体（831人）の43・3％を占めたという（確定値では労災死亡者全体867人のうち60歳以上の者は368人だった）。同紙によれば労災死に占める高齢者の比率は2001年には22・7％だったが、それが20年でほぼ2倍に上昇し、21年に初めて4割を超えたのだ（図1－5）。労

図1-5　労災で亡くなった人に占める60歳以上の比率と人数

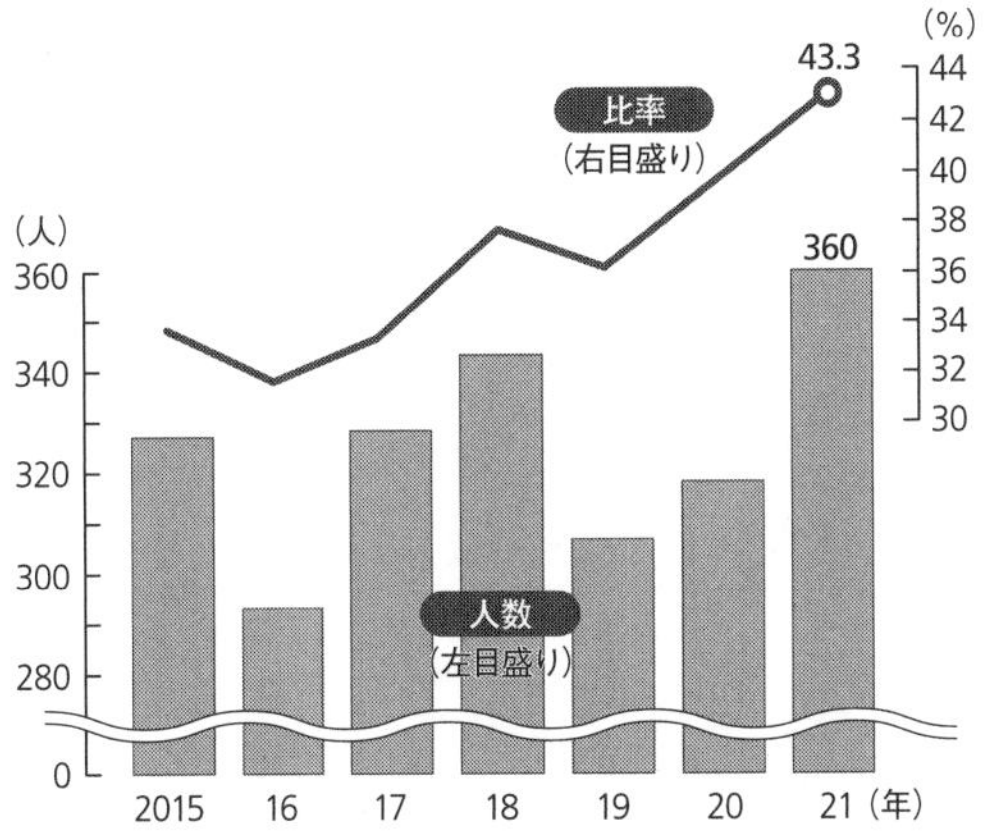

出典：厚生労働省、労働災害発生状況（速報）および東京新聞集計

災死亡事故時の状況としては、図1−6のようなものが報告されている。

厚労省の統計によれば、労災による死亡事故そのものは、1961年の6712人をピークとして長期的には減少傾向にあり、2006年に1500人、2015年には1000人を下回るなど右肩下がりの状況が続いている。しかしそれにもかかわらず、高齢者の死亡事故だけが増加傾向にあるという異常な状態が続いているのだ。極端にいえば、日本社会、日本経済を下支えしている労働者は高齢者であり、低年金高齢者ほど過酷な働き方を強いられている。他の先進諸国では隠居し、悠々自適に暮らす人たちが日本では過酷な労働現場に

図1-6　高齢者の労災死亡事故例（2021年）

年齢・発生場所	業　種	災害発生時の概要
70代茨城	商　業	屋外で展示車の洗車作業中、熱中症で倒れる
70代東京	警備員	バスを交通誘導中に転倒、後輪にひかれた
60代東京	清　掃	マンションのゴミ置き場からトラックに段ボールや古紙を積み込む作業中、トラック荷台から転落
70代埼玉	食品製造	菓子材料の製造中、攪拌（かくはん）機の回転部に巻き込まれた
70代埼玉	建　設	山の斜面で片付け作業を行っていた際、山の上からの落石と激突
80代神奈川	社会福祉施設	自転車でサービス利用者宅に向かう途中、乗用車と接触、頭を強打

出典：厚生労働省、労働災害発生状況（速報）および東京新聞集計

追いやられている。日本は本当に先進国なのだろうか。

20年7月1日に放送されたNHK「クローズアップ現代＋《プラス》」では、「老後が不安で働いたけど…多発するシニアの労災！」という特集テーマが組まれ、私もスタジオ出演した。出演時、「そもそも年金では暮らしていけず、病気でも無理して働いている高齢者が多い」現実とその改善を訴えた。働く高齢者は増えているが、それを支える仕組みが追い付いていないこと、これを如実に物語るのが、労災の増加である。

労災自体は、統計的に高齢者で増える傾向があり、60歳以上の労災は年間3万37

15人（19年）にのぼっている。

最近の傾向を踏まえて、「労災ユニオン」の佐藤学さんは次のように語っていた。

「これまで危険度が低いと思われていた第三次産業、サービス業で労災が発生している件数が多い。やはり高齢者になると、身体や精神面にも衰えがある。さまざまな装備の問題だとか、教育の問題など、高齢労働者には一般の現役世代の労働者以上に労災に関しての配慮が必要だと思います」

そしてこの番組では、高齢者の生きがいや地域社会への貢献を目的として設立され、全国およそ1300の市区町村で71万5558人（20年3月）もの会員を擁する「シルバー人材センター」でも、けがや事故が頻発している状況について取り上げた。シルバー人材センターでの仕事は、清掃や草刈り、駐輪場の受付など、原則として「臨時的」「短期的」「軽易」なものと定められている。本来は比較的危険が少ない仕事にもかかわらず、なぜけがや事故が頻発しているのか。

番組では、ここ数年は毎年3500件以上起きているシルバー人材センター就業中の事故件数を伝えるとともに、重篤事故として18年は29件もの死亡事故が起きた事実を示した。シルバー人材センターでの就労中の死亡事故としては、樹木剪定中の転落事故、除草作業中の転倒、ジャンボタニシ駆除中の熱中症などさまざまな要因がある。

労働安全が専門の労働安全衛生総合研究所の高木元也さんは、事故件数とともに、19年は11・59にものぼっていた発生の度数率（100万延実労働時間当たりの労働災害による死傷者数）の高さを問題視した。軒並み10を超える度数率は、厚生労働省「令和3年労働災害動向調査」によれば、度数率は産業全体で2・09、農業・林業で6・23であり、これらと比べかなり高い。高木さんは、就業の多くが、請負契約で行われる仕組みに問題があるのではないかと指摘した。ひとたび事故が起こると、請負契約の中では雇用関係がないため、安全管理の責任は原則会員（個人事業主）である高齢者自身が負うことになってしまう。そのため、高木さんはこうした請負契約で行われる仕組みや請負契約での作業に伴う安全衛生対策のあり方の見直しを訴えていた（図1－7）。

もちろん、シルバー人材センターも手をこまねいているわけではない。全国のシルバー人材センターの業務を指導、援助する全国シルバー人材センター事業協会の業務部長、石原亘さんはこうした状況について次のように語っていた。

「生きがいとしての就労の場で重篤な事故は絶対あってはいけません。（高齢者は）個人事業主として仕事を請けるわけですから自己責任という原則はありますけれど、センター

図1-7　シルバー人材センターを介した就労の構造

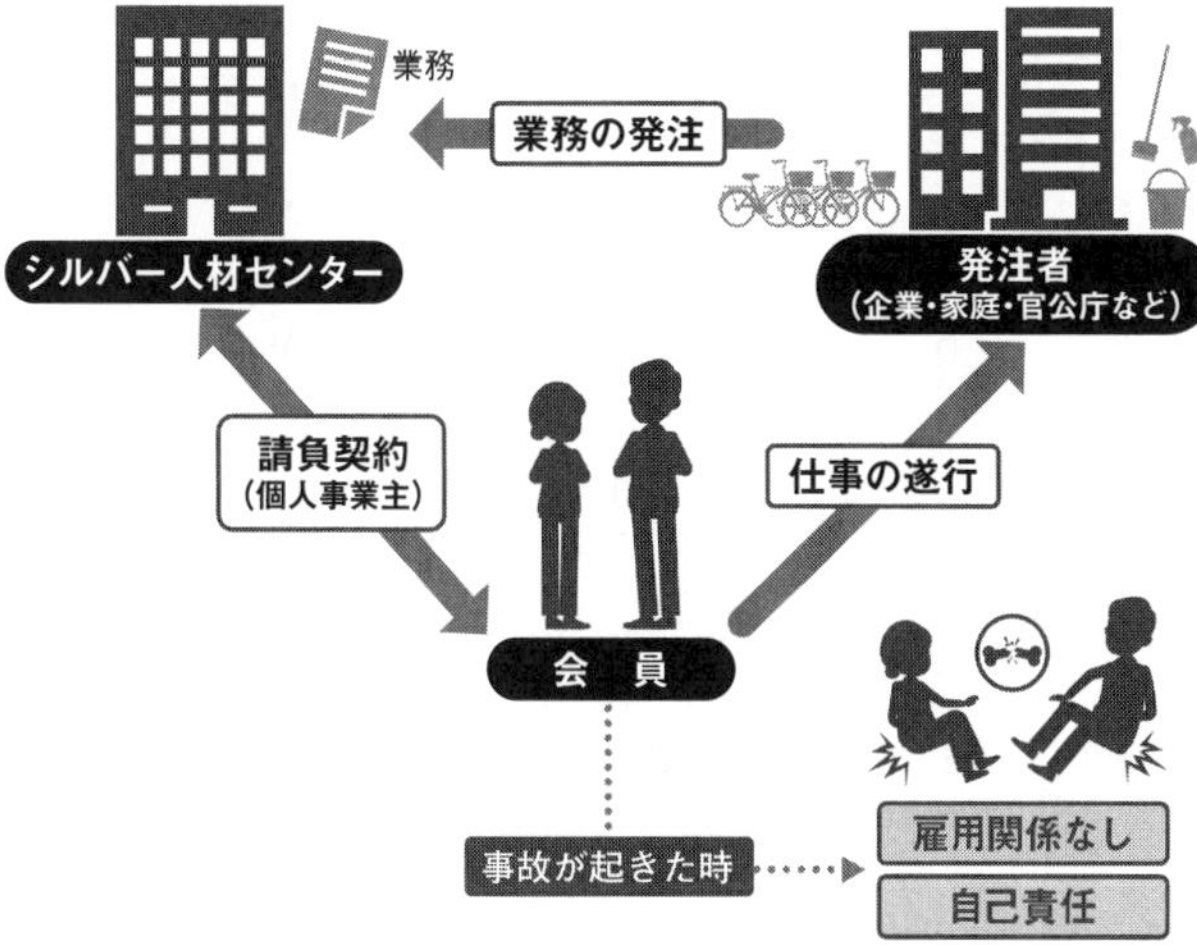

はきちんと責任をもってさまざまな取り組みを進めていく必要は当然あります」

また、当番組では、4年前シルバー人材センターで請け負った草刈り作業中に左目を失明し、所属していたセンターと係争中である方の証言も紹介された。

私はこの番組で、「実態と乖離している」ことが問題だと発言している。これはつまり、シルバー人材センターの設立理念と実際に請け負う業務内容がもはや嚙み合っていないということだ。生きがいや社会貢献を求めてくる人もいるだろうが、多数はハローワークでも仕事が見つからず、安くてもいいから働きたい、少しでも稼ぎたい、働かざるを得ない人たちがシルバー人材センターには集まっている。このような高齢者の安全をどう守るか――請負契約なので自己責任で、という理屈だけがまかり通ってはならないだろう。

三幸製菓の火災事故

こうした現状を象徴する事件が起きた。22年2月11日に米菓メーカー「三幸製菓」で起きた、痛ましい火災事故だ。

「雪の宿」「ぱりんこ」などの煎餅を製造し、新潟県を代表する製菓メーカーの一つとされる同社の荒川工場（村上市）では、この日の深夜に火災が発生し、アルバイトの女性4人と従業員男性2人の合計6名が亡くなる惨事となった。死亡者のうち4人はいずれも同社の女性アルバイト清掃員であり、彼女たちの死亡当時の年齢は上から73歳、71歳、70歳、68歳だった。

当時の様子を振り返ると、深夜、菓子を焼く釜の上部に設置された乾燥機の周辺で炎が広がり、数分後には黒煙が充満して、場内は停電した。その後、翌朝まで燃え続けたという。亡くなった女性アルバイト4人は、火災を感知して閉じられた防火シャッターのすぐ内側で倒れていたそうだ。4人ともアルバイトということで、避難訓練には参加していな

図1-8　高齢者の労災死亡が多い業種

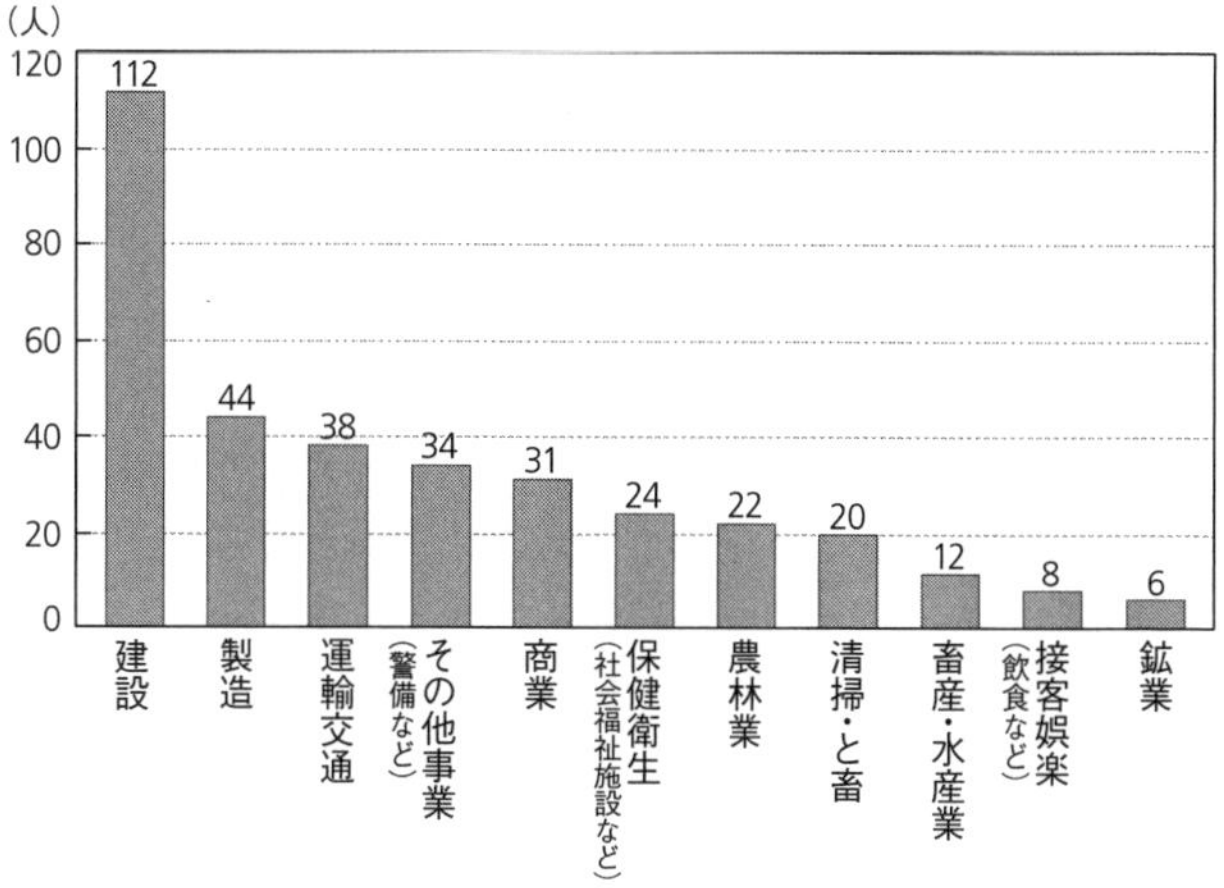

出典：厚生労働省（2021年）※従業員5人以上

かったとされる。とすれば、避難経路や非常扉の存在を知らされていなかったのかもしれない。真っ暗闇の中、煙にのまれたとみられている。

この火災事故の背景を取材した、「朝日新聞デジタル」の22年2月15日付記事によれば、荒川工場の清掃員は全員が非正規雇用で、勤務は日中と深夜の二通りあり、深夜の勤務時間は「原則として午後9時半から2〜3時間」。だが、朝日新聞の記者が取材した被災女性たちの元同僚によれば、勤務時間は菓子の生産状況に合わせて変動するため、午前1時に終わることもあれば、午前3時までかかることもあったという。

またこの女性が在職時に一緒に働いていた清掃員には亡くなった4人と同年代が多く、「20年くらい働いているベテランがたくさんいた」との証言も掲載されている。

図1－8は、前出の東京新聞がまとめた「高齢者の労災死亡が多い業種」をもとにしているが、製造業は2位に入っている。多くの高齢者が不安定な非正規雇用で、なおかつ危険と隣合わせの状況で働いていることはもっと知られて然るべきだと思う。

年金だけでは生活できない

多くの高齢者が年金支給開始年齢の過ぎた65歳以降に、しかも非正規の仕事しかないことを承知で働こうとするのはなぜか。その理由を、実際に働いている高齢者たちの暮らしぶりの中から探っていくことにしよう。

【ケース1　山田夫妻の事例】

東日本某県の県庁所在地に住む山田さん（仮名）夫妻は、夫のタカシさんが75歳（取材時、以下同）。東京の大学を卒業後、地元企業に就職し、40年を超えるサラリーマン生活を送った末に65歳で定年退職した。

妻のハルミさんは72歳。短大卒業後に数年ほど会社勤めをしてタカシさんと結婚し、一男一女を育て上げそれぞれ大学まで卒業させた。子育てが一段落してからはパートに出て家計を支える兼業主婦になったが、配偶者控除を受けるために年間の給与収入が103万円を超えないような働き方をしてきた。子どもたちは結婚してそれぞれ独立しており、小学生の孫を連れて遊びにきてくれるのを楽しみにしている。

おそらく二人は、現在の日本の70代の夫婦として平均的なプロフィールの持ち主であるといえるだろう。ただしこの平均的な夫婦は、おそらくは平均的であるがゆえに共働きを続けている。二人がそうしている理由は、貧困にまでは達していないが、年金だけでは生活できないからだ。

本当に「年金だけでは足りない」のかを検証するために、タカシさんとハルミさん、二人の年金支給額を見てみよう。

日本の年金は原則的に2か月に一度、偶数月に前前月分と前月分がまとめて支払われることになっている。

タカシさんの場合も22年2月に32万9236円が2か月分として支払われているが、ここから介護保険料として1万4400円、国民健康保険の保険料として妻の分も負担し、

3万9600円、個人住民税9000円が控除され、実際に銀行口座に振り込まれたのは27万4336円だった。

サラリーマンであるタカシさんの扶養家族に入っていたハルミさんの年金も同じ日に支給され、こちらの支給額は額面で14万8771円。やはりここから介護保険料1万3000円が差し引かれるので、実際に振り込まれるのは13万5771円だった。

つまり二人の年金支給額は2か月の合計で額面47万8007円、手取りだと41万107円であり、これをひと月あたりに換算すると、約20万5000円だったことになる。

では次に、二人が1か月にどのくらいの支出があったかを、ハルミさんがつけていた家計簿の数字から振り返ってみよう（図1－9）。

ここまでを合計すると、22年2月の支出総額として38万6070円がかかっている計算となり、たしかに二人の1か月の年金支給額合計である20万5000円だけでは毎月18万円程の赤字が出てしまうことになる。

山田夫妻の場合、現在住んでいる家は二人が30代のときに購入したもので、住宅ローンの支払いはタカシさんが定年退職するより前に終えている。そのため住まいにかかわる支

図1-9　山田家の2022年2月の支出

食費	22,203円
生活雑貨	10,113円（下のカード引き落とし分と生協にも食費は含まれる）
灯油代	22,655円 （山田家は寒冷地にあるため、暖房には石油ストーブを使用している）
医療費	34,073円
車検代積立	16,700円
火災共済	3,000円
家族費	8,000円
小遣い	20,000円 （二人の私的な小遣いとしてタカシさんとハルミさんに1万円ずつ）
駐車場代	3,000円
税金	13,000円
ガス代	4,039円
水道代	7,442円
電気代	5,354円
ガソリン代	16,745円
NHK受信料	2,170円
携帯電話代	21,700円
新聞代	4,990円
保険・共済	13,050円
自動車保険	14,810円
カーローン	78,216円
カード引き落とし分	26,618円（最寄りのスーパーでの買い物専用のカード、食費と雑費）
生協	14,601円（食費と雑費）
そのほか雑費	23,591円
合計	386,070円

出は賃貸住宅に住んでいる人に比べれば軽いが、地方暮らしである二人にとって必需品である自動車に関係する支出がそれなりに大きい。

70代ともなれば身体のあちこちに不調が出てくるため病院に通わないわけにはいかない。近所の総合病院でさえ徒歩30分かかる場所にあるし、食料品や生活必需品の買い物は徒歩圏内のスーパーで済ませるにしても、ある程度まとまった量の買い物をするとなると運搬用の車は必要になる。

しかし、そんな必需品である自家用車にしても、70歳代後半になってくるとローンを組むのは難しくなる恐れがあり、不調が多い車に乗らざるを得ない可能性がある。そう考えて昨年の暮れに、人生で買う最後の車と決めて軽自動車を買い替えた。「カーローン」の項目で8万円近い支出が計上されているのはそのためである。また、自動車に乗っている限りは車検代や自動車税、タイヤ交換代などの負担もかさむ。

また家賃がないといっても、自分の持ち家であるので建物や付帯設備に不具合が出た場合にリフォーム費用等の自己負担も生じる。

「築40年近くになる家ですので、あちこちガタが来ているのはご覧になってもわかるでしょう。幸か不幸か子どもたちがこの家に将来住む予定はなく、私たち夫婦がいなくなれば用済みになる家なので大抵のガタツキは放置しているのですが、どうしても直さなくてはいけない故障もあり、その出費がバカになりません。去年もボイラーが故障してしまい、そのままではお湯が出ませんから修繕し、その費用が約20万円かかりました」(タカシさん)

山田さん夫妻が70歳を過ぎたいまも二人とも働いているのはこの生活費支出を賄うためであり、タカシさんは会社員時代のツテを頼ってある施設の管理人として、ハルミさんは介護施設の職員として勤務している。どちらの仕事も、時間給は二人が住む県の最低賃金と同額であり、タカシさんの仕事は月15日の勤務で月給11万円ほどになる。

ハルミさんも介護施設に毎月15日程度出勤し、朝9時から夕方6時までほぼ立ちっぱなしの仕事をすることで10万円ほどの月給を得ている。一回ごとの勤務は1時間の休憩時間を含む8時間労働ということになっているが、実際の介護現場では休憩は食事のための10分程度しか取れないことが大半で、その分は無賃労働である。しかし、これに文句をいうつもりはない。傍目には決して良い待遇どころか違法状態に耐えているというのが実際のところだが、ハルミさん自身は不満を感じていないのだ。

「だってシルバー人材センターから紹介された仕事をしている同年代の友達の話を聞く

と、私より低いお給料（県の最低賃金以下の給料）しか貰っていませんから。友達には月10万円も貰っているなんていえません」（ハルミさん）

二人分の月給22万円を年金に合算すると42万円ほどになり、これでようやく38万円の支出を賄えるというわけだ。余った分は定期預金などの貯金に回しており、自分たちが亡くなった際の葬儀費用もここから捻出する予定だという。

「貯金はいまようやく250万円ほど貯まったくらいです。少し前のニュースで老後は年金以外に2000万円必要といっていましたが、その額には全然足りていませんね。来年の春まで働けばもしかしたら300万円に届くかもしれませんが、正直、朝の9時から6時までほぼ立ちっぱなしの仕事を週3回するのは体力的にも気力の面でも、もう限界。毎回仕事から帰ってくるたびにグッタリしています」（同）

一方、夫のタカシさんはあと3年、78歳までは働くつもりでいると本人はいうが、ハルミさんはもう少し早く退職を余儀なくされるのではないかと思っている。タカシさんが若い頃に膝に負った怪我の後遺症が最近になって現れるようになり、徐々に歩行に困難をきたすようになってきているからだ。

「貯金をしているのも仕事をやめて年金だけで暮らすときのことを考えてのことですが、

10万、20万円のお金は本当にちょっとしたことですぐに飛んでいくので全然安心はできません。だから支出を減らさないと絶対にやっていけなくなるでしょうね。まず、いまは二人とも車に乗っていますが、仕事をやめたら一台にするつもりです。これでガソリン代や車検代は浮きます。あとはとにかく食費ですね。いまは（カードや生協での買い物分も含めて）なんだかんだで5万円近くかかっていますが、これを3万円代にしないと……」（同）

80歳の壁

ハルミさんが危惧するように、世間では「人生100年時代」などと吹聴され、メディアは「高齢者が元気な時代」というイメージを振りまくが、そうはいっても80歳を超えて働き続けられる人は現実にはなかなかいない。

東京都台東区に住んでいる小室和以さんは、まさにその壁にぶちあたった結果、行政の冷たい対応により辛酸をなめさせられた一人だ。

【ケース2　小室和以さんの事例】

小室さんは、本書取材時で80歳。東京都台東区にある築50年の賃貸マンションに1歳違いの妹、そして水泳のインストラクターをしている息子（50代）、スーパーの店員をしている娘（50代）の4人で住んでいる。

小室さんと妹は理美容師の資格を持っており、二人とも若い頃は美容師として働いてきた。ただ小室さんによると、美容師という仕事の求人は、どうしても若い人に限られる面があり、小室さん姉妹も中年になってからは美容師の仕事を引退し、以降は飲食店の洗い場や清掃の仕事で生計を立ててきた。

もともと体を動かすのは好きな小室さんにとっては、働くことは楽しみでこそあれ、決して苦ではなかった。そのため、年金が支給されるようになった60歳以降も、70代後半に入っても変わらず働き続け、78歳になった20年からは4階建てのビルの清掃をする仕事をパートタイマーとして週5日こなし、これにより毎月10万円前後を年金とは別に得ていた。

しかしその彼女にも、ついに働けなくなる日はやってきた。すでに80歳となっていた22年2月初旬に腰部ヘルニアと脊柱管狭窄症《せきちゅうかんきょうさくしょう》を発症し、杖がなければ歩けなくなってしまったのだ。これにより歩行全般に関して、それまでの何倍もの時間がかかるようになり、階段の上り下りを繰り返す清掃の仕事などもできなくなってしまった。

そして当時は折りの悪いことに、新型コロナの感染拡大が始まったタイミングでもあり、これにより水泳のインストラクターである息子も、職場であるプールが閉鎖されたことで給料が激減してしまっていた。娘も勤めるスーパーのシフトに入れないことが続いた。この時期の一家の収入は、小室さんと妹に支給される二人分の国民年金だけが頼りだったという。

小室さんに対して払われる年金の額を通知する「国民年金・厚生年金保険　年金額決定通知書」を見せてもらった。これによると、小室さんに1年間に給付される予定の年金額合計は45万８６５９円で、各期（2か月に1回）の年金支払額は7万６４４３円である。

ここから介護保険料1万３３００円、後期高齢者医療保険料９２００円が差し引かれるので、実際の支給額は5万３９４３円である。前出のように、これは2か月分なので、これを1か月あたりに換算すると、約2万７０００円弱にしかならない。

妹の年金もほぼ同額なので、月約5万４０００円で家族4人が生きていかなければいけなくなったということだ。

小室さんはこの厳しい状況をしのぐため、夕方のスーパーで値引きされた食材を買い、食卓に並べるおかずは一品だけにするなど必死でやりくりしようとしたが、どうにも限界があった。特に支払期限が間近に迫っている家賃を払う目処はどう考えてもまったく立た

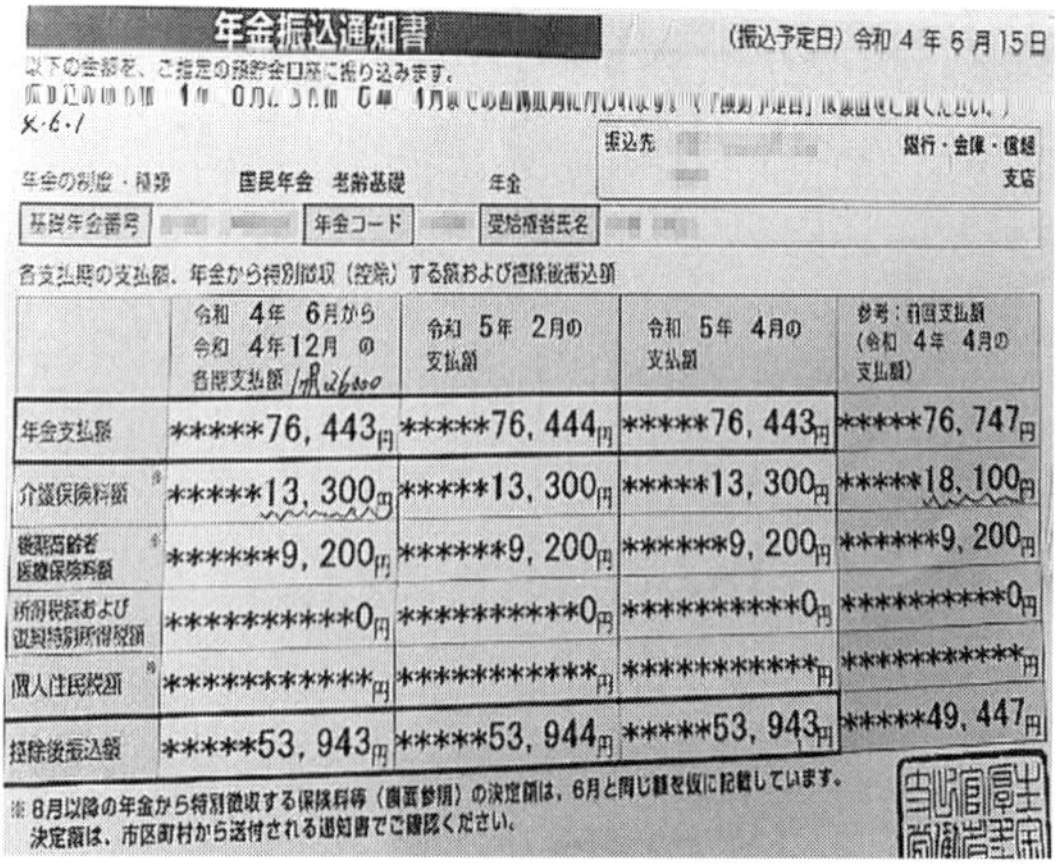

年金振込通知書　（振込予定日）令和４年６月15日

以下の金額を、ご指定の預貯金口座に振り込みます。

年金の制度・種類　国民年金　老齢基礎　年金

振込先　銀行・金庫・信組　支店

基礎年金番号　年金コード　受給権者氏名

各支払期の支払額、年金から特別徴収（控除）する額および控除後振込額

	令和 4年 6月から 令和 4年12月 の 各期支払額	令和 5年 2月の 支払額	令和 5年 4月の 支払額	参考：前回支払額 （令和 4年 4月の 支払額）
年金支払額	*****76,443円	*****76,444円	*****76,443円	*****76,747円
介護保険料額	*****13,300円	*****13,300円	*****13,300円	*****18,100円
後期高齢者医療保険料額	******9,200円	******9,200円	******9,200円	******9,200円
所得税額および復興特別所得税額	**********0円	**********0円	**********0円	**********0円
個人住民税額	***********円	***********円	***********円	***********円
控除後振込額	*****53,943円	*****53,944円	*****53,943円	*****49,447円

※ 8月以降の年金から特別徴収する保険料等（裏面参照）の決定額は、6月と同じ額を仮に記載しています。
決定額は、市区町村から送付される通知書でご確認ください。

小室さんへの年金振込通知書。2か月分の振込額になる

なかった。

ハローワークに行けば家賃に関する「給付」を受けられると聞き、杖をつきながらやっとの思いで相談に行ったものの、そこで受けた対応が、彼女を心の底から傷つけるものだった。

窓口で対応した担当者は小室さんに「いまお仕事をするつもりはありますか？」と質問し、小室さんは「働きたいんですが、できないんです」と答えた。すると「働くことに前向きでない人には給付は出せません」と手続きを打ち切られてしまったのである。

日頃は誰に対しても礼儀正しい小室さんだが、このときはさすがに怒りをぶつけざるを得なかった。

「杖をついて、やっとの思いでたどり着いたハローワークで職員の人に冷たくされて、『働くのが嫌なんじゃないんです！　働きたくても働けなくなってしまったからここまで来たんですよ！』と思わず叫んでしまいました。清掃の仕事を2年間、自分なりに一生懸命やってきたつもりだったのに、そんな対応をされたことが悔しくて、情けなくて……。行政というのは取るもの（税金）は取るくせに、私たち（納税者）が困っていても何もしてくれないんだと思い、その場で泣いてしまいました」

藁をも掴む思いで訪ねたハローワークでこのような目に遭った小室さんの心境を思うと胸が痛くなるが、実はハローワークの職員にもこう対応するしかなかった事情がある。というのも、小室さんが申請しようとしていた給付金とは、新型コロナウイルスの感染拡大に対応するため制度拡充された「住居確保給付金」のことなのだが、この給付を受けるには①〈離職・廃業後2年以内である場合〉もしくは、②〈個人の責任・都合によらず給与等を得る機会が、離職・廃業と同程度まで減少している場合〉という条件に加えて、①の場合は〈ハローワークへ求職の申込みをし、誠実かつ熱心に求職活動を行うこと〉、②の場合も〈誠実かつ熱心に求職活動を行うこと〉という条件が付されているのだ。

つまり、高齢からくる身体の不具合発生とコロナによる生活苦が同時に襲ってきた小室さんのようなケースを制度としてまったく想定していなかったのであり、それゆえに求職活動をしたくてもしようがない小室さんが弾かれてしまったのだ。

この話は、イギリスの福祉制度の矛盾と貧困問題を描いた、ケン・ローチ監督の映画『わたしは、ダニエル・ブレイク』を思い出させる。

心臓に病を患ったダニエルは、医者から仕事を止められ、国からの援助を受けようとするが、その支援を受けるにあたり求職活動をしなくてはならない。役所では、給付金をもらうためには、週35時間以上求職活動をしている証拠が必要だといわれ、彼は不慣れなパソコンを使って履歴書を書く講座に出席するよう求められる。こうした複雑な制度のせいで、なかなか満足な支援を受けられないうちに窮乏は増していく。

しびれを切らせたダニエルは再び役所を訪れ、もう求職者手当の申請はやめ、不服申し立ての手続きをすると訴える。不服申し立ての日、ダニエルはいつになく緊張しており、申し立ての前にトイレへ立つ。そこで心臓発作に倒れ、亡くなってしまう。

葬儀の日、ダニエルが折に触れ助けてきたケイティが代読する、申し立てに用意した彼の次の言葉が胸をうつ。

「私は依頼人でも顧客でもユーザーでもない。怠け者でもタカリ屋でも物乞いでも泥棒でもない。国民健康番号でもなく、（パソコンの）エラー音でもない。きちんと税金を払ってきた。それを誇りに思っている。地位の高い者には媚びないが、隣人には手を貸す。施しは要らない。私は、ダニエル・ブレイク。人間だ。犬ではない。当たり前の権利を要求する。敬意ある態度というものを。私は、ダニエル・ブレイク。一人の市民だ。それ以上でも以下でもない」

この場合、最終的に小室さんは地元の共産党区議に相談し、一緒に役所の福祉課に行った。そこで小室さんは求職が困難である窮状を包み隠さず話し、家賃契約書、年金通知書、4人の残高記載のある通帳、それまでの給与明細書を提出するなど何度も役所に通い、書類審査を受けることになった。その結果、ようやく住居確保給付金を受けることができ、その後息子と娘も仕事に復帰できたことで現在は何とか生活できているという。しかしそれにしても、80代の高齢者にまで「求職活動」をしなければ給付を受けさせまいとする役所の杓子定規ぶり、あるいは国民に勤労を強いることへの執念には呆れるほかない。

シルバー人材センターと「老後の生きがい」

先に紹介した山田さん夫妻の事例の中で、妻のハルミさんによる「シルバー人材センターを通じて仕事を紹介されている自分の友人たちは、県の最低賃金よりも低い給料で我慢している」という趣旨の発言があったことを思い出してもらいたい。

ハルミさんのいうように、高齢者が仕事を求める場合、シルバー人材センターを訪ね、ここを通じて紹介された仕事をしているケースは多い。

シルバー人材センターの起源は1986年10月、「高年齢者の安定した雇用の確保の促進」や「定年退職者その他の高年齢退職者に対する就業の機会の確保等の措置」を総合的に講じることを目的に、従来の「中高年齢者等の雇用の促進に関する特別措置法」を改正し、「高年齢者等の雇用の安定等に関する法律」が施行されたことにある。

同法に基づき、定年退職者などの高年齢者に「臨時的かつ短期的又はその他の軽易な業務」を提供するべく、各都道府県知事の指定を受けて各地で設立運営されている公益社団法人が各地のシルバー人材センターということになる。

センターが会員である高齢者に提供する仕事は公園の清掃や除草、ビル、マンション、駐輪場などの管理、家事手伝いなどが主体であり、登録者が現役時代に経験した職種によっては、翻訳や自転車の修理など専門的な仕事が紹介されることもあるが、実際にそうした仕事が紹介されるのは稀である。

紹介される仕事は、労働基準法や職業安定法、派遣法などの規制を受ける派遣契約の場合もあるが、原則は前出のように労働基準法の対象にならない請負（業務委託）契約であり、こういった業務委託の仕事を時給換算すれば、ハルミさんの友達のように最低賃金を下回るほどに低賃金の仕事も現実にはある。

公的な性格が強い公益社団法人であるにもかかわらず、同センターがそのような劣悪ともいえる待遇の仕事を紹介しているのは、同センターの運営目的が、高齢者の生活や職業の安定〝ではない〟からだ。これも前に書いたように、あくまで生きがいや地域社会への貢献を目的に掲げている。

江戸川区シルバー人材センターの事例

東京の東端・江戸川区にも、そうしたシルバー人材センターの一つ「公益社団法人江戸川区シルバー人材センター」がある。

同センターは高齢者への業務提供を目的に1975年2月、全国で初めて設立された

「江戸川区高齢者事業団」が前身であり、見方によっては「日本最初のシルバー人材センター」だ。他のセンター同様、区内に住む健康で働く意欲のある60歳以上の男女が会員として登録でき、22年8月現在、約3000人の高齢者が1000円の年会費を納め登録しているという。センター発足以来、歴代の江戸川区長はセンターの「名誉顧問」を務めている。

この江戸川区シルバー人材センターの登録会員のうち133人が従事している小学校の「遊び場開放世話人」の業務を、21年12月に取材した。

江戸川区では小学校の校庭を日曜日や祝日に「遊び場」として午前・午後の3時間ずつ開放し、地元の少年野球やサッカーチームのためにも提供している。その際に校門を解錠・施錠し、子どもたちの見守りをする「遊び場開放世話人」の業務は、学校の教職員ではなくシルバー人材センターの登録会員に委託されている。

だが、この世話人に対して「配分金」という名目で支払われる報酬が、取材した時点では午前の部と午後の部の勤務時間各3時間30分に対してわずか3098円だった。3098円を時給換算すると885円となり、東京都の最低時給である1041円（当時）に満たないことになる。したがって1か月のうちの日曜と祝日がすべて好天に恵まれ、予定された校庭開放がすべて実施されたとしても、この仕事だけで月1万2000円以上を稼げるということはほとんどない計算だ。

しかもこの校庭開放は、政府が新型コロナ対策として、公立学校の「一斉休校」を求めた20年3月から8月初旬までの約5か月間は中止され、それに伴って世話人の業務もなくなってしまっていた。これがたとえアルバイトでもセンターとの間に雇用関係があるならば、休業補償も受けられるところだが、世話人たちは業務委託であるがゆえに、何の補償も受けられなかったのである。

一方でセンターは、世話人たちとの契約が業務委託──請負の関係であり雇用関係にはないことを対外的には強調する一方で、国が個人事業主救済のために設けた「持続化給付金」の存在を世話人たちに周知さえしていなかった。世話人たちが22年1月までにこの給付金に申請していれば個人事業主として最大で100万円の給付を受けられたはずが、ほとんどの世話人たちは制度の存在さえ知らず、この制度の利用も叶わなかった。

私がヒアリングした限り、遊び場開放の世話人たちは業務委託と雇用契約の区別について、センターから丁寧な説明を受けた形跡はなかった。つまり、雇用形態があいまいな認識のまま働いていた。

それでも百歩譲って、シルバー人材センターのいうとおり高齢者が生きがいと健康を求めて登録しているだけであるなら、それほど大きな問題ではないのかもしれない。しかし、江戸川区シルバー人材センターに登録して遊び場開放世話人の業務に従事している個々の高齢者たちと話をしてみると、彼らにとって世話人の仕事で得られる月1万ちょっとの収入が、日々の生活を支える上で決して無視できないものであることがわかった。

遊び場開放世話人に従事する登録会員たちは、21年2月に「江戸川シルバーの会」を結成し、一斉休校により仕事がなくなってしまった約半年間の休業補償および報酬を東京都の最低賃金並みに引き上げることを求めて署名集めを開始した。同3月には133名の従事者の過半数となる80筆の署名を集め、世話人業務の発注元で、区長がセンターの名誉顧問でもある江戸川区に申し入れをしたのだった。その後の顛末は後述する。

トリプルワークで働いても……

以下に紹介する石井ミツエさん（仮名）も、この「江戸川シルバーの会」のメンバーとして、区への申し入れを行った世話人の一人だ。

【ケース3　石井ミツエさんの事例】

東北地方出身の石井さんは、取材時点で77歳だった。結婚し、子どもが二人生まれたが、夫の暴力に苦しめられ続けたある日、内職で貯めたわずかな資金をもって、まだ幼かった娘を連れて東京行きの列車に飛び乗った。現代でいえば、家庭内暴力、DV被害者といえるだろう。

上京後は都心にあった食料品を扱う小売店で朝から夕方まで働き、仕事が終わってからも自宅近くのスナックで深夜まで勤務した。睡眠は1日3時間しか取らない生活を長年続けることで、娘を専門学校まで卒業させた。

戦後間もない頃にひとり親で自分たちを育てた母親も、ほとんど寝ずに働いている姿を見てきたため、自分自身も働きながら子どもを育てることに抵抗はなかったという。夫とは別れた後に完全に音信不通だったが、娘が成人した25年ほど前、亡くなったという連絡を人づてに受けて知った。その娘は専門学校を卒業後就職したが、勤め先で上司からパワハラを受けたことがきっかけでうつ病となり、それ以来長く自宅にひきこもる生活が続いているという。77歳の石井さんが、40代の娘と同居し、身の回りの面倒をいまだに見続けている理由である。

石井さんが地元江戸川区のシルバー人材センターに登録をしたのは、13年頃であり、登録と同時に遊び場開放世話人の仕事を紹介されて開始した。

当時はそれ以外に掃除の仕事を他に二つしており（つまり、トリプルワークである）、自宅からすぐ近くにある企業と、新橋の駅前のビルの二か所の掃除もパートでやっていた。自宅近くの企業の方は時間給1050円ほどで、1回の勤務は4時間で週2回。もう一つの新橋のビルの掃除はそれより時給が安かったが、1日2時間で、月水金の週3日。月収は三つの仕事を合わせても、7万円前後だったという。

この収入と約6万円の国民年金を合わせて13万円が石井さんの生活費のすべてだった。したがってシルバー人材センターからの月1万円程度は石井さんにとっては貴重な収入であったし、この仕事で仮にもう少しまともな、最低賃金並みの報酬が払われるとすれば、それによってもたらされる希望も大きかったのである。

シルバー人材センターが、高齢者の「生きがいと健康」を提供しているという建前について石井さんは、「それはもう20年30年前（にしか通用しない）の話ですよね」という。

「私が思うにシルバー人材センターができた頃のお年寄り、60代の方というのは、定年までちゃんと正社員として働けた人たちなんじゃないでしょうか。退職金も、厚生年金もしっかり貰えるから、60歳を過ぎても、そんなにお金には困っているわけじゃない。そういう人たちを対象に始めた事業だったから、時給300円や500円でも良かったんでしょうけど、いまはまったくそういう時代じゃありませんよね？

正社員を少なくして、そのぶんパートやアルバイト、派遣に切り替えたことで、（会社はその人たちのために）社会保険に入らなくて済むようにしたわけでしょう。でもそういう人たちだって結局は年をとるのに、その人たちがやっていける手立ては何も考えられていない。私たちはそういう目に、一足はやく遭っちゃっているんだと思っています」

この石井さんの言葉には、親として長くひきこもり生活を送っている娘の将来のことを考える視点も含まれているのだろう。

北名古屋市など一部自治体では、公共の仕事を委託しているシルバー人材センターの登録会員のためにコロナ休業補償の予算を組み、センターに対し交付した例もある。そこで「江戸川シルバーの会」でも前述の通り、22年3月に133人の従事者のうち過半数となる80筆の署名を集め江戸川区に提出して、補償を申し入れた。しかし区は、「会員の方と江戸川区との間には、雇用関係はもとより、何らの契約関係もありません。したがって休業補償に応じることはできません」として、苦情や相談は江戸川区シルバー人材センターに行うよう返答したのである。

やむなく「シルバーの会」がセンター側に同様の申し入れを行うと、センターは、センターと会員は雇用関係にないことを理由に補償を拒否した。だがこの申し入れはその後、江戸川区の区議会で議題にあがったこともあり、遊び場開放世話人業務の配分金は、22年4月以降は時給換算で東京都の最低賃金の1041円（当時）に上がることになった。「シルバーの会」にとっては1年半の活動が、ようやく実を結んだということになる。働く人たちが団体を結成し、交渉していく取り組みの有効性が見て取れる事例である。

一方でこうした「最低賃金割れ」は各地のシルバー人材センターでたびたび問題になっており、神奈川県・横浜市や横須賀市、兵庫県小野市などでは、シルバー人材センターの偽装請負の可能性が議会で追及された例もある。

第2章

この年金額では暮らせない

問題の根本は過度な「市場化」

第1章で見た、70歳を超える高齢者が無理してまで賃労働をしなければならないような低年金や無年金の状況はどうして生まれたのだろうか。

これにはさまざまな理由があるが、一つには高齢社会にむけて公的年金の持続可能性を高めるために給付の抑制（給付水準の引き下げ）が何度も図られてきた背景がある。もう一つには、第1号被保険者、すなわち自営業者や厚生年金に加入していないパートやアルバイト、無職の人などが保険料を支払う期間が少なかったり、未納であったりしたためというケースも多い。

年金制度は、高度経済成長期であった1960～70年代にその骨格がつくられたが、その後、急速な少子高齢化や経済停滞により、支給年齢の引き上げや保険料の引き上げ、基礎年金の国庫負担2分の1への引き上げ、支給額を抑制するマクロ経済スライド（後述）の導入などの改革を経て、何とか現在の姿を保っている。長寿社会は実現したのだが、現代を生きる私たちは、「長生きする程、毎月の赤字額がかさみ、経済的に苦しくなる」結果、「長生き地獄」のような状況を強いられている。

日本の年金は、勤労者が納めた保険料を原資にして年金受給者への支払いに充てる「賦課方式」を採用しており、これ自体は世代間扶養をいかした立派な仕組みである。年金の原資を自分で積み立てる「積立方式」だと、現役時代の収入格差が増幅され、より過酷な老後格差を生むだろう。そして、低年金や無年金は自己責任とされてしまう。賦課方式のように、「若い頃、おじいちゃん、おばあちゃんを助けたのだから、今度は自分が年をとったら助けられましょう」という世代間の支え合いの理念を制度に入れ込んでおくことは、重要だと思う。

ただ、日本の年金制度は、高度経済成長期、「日本の人口は増え続け、経済は右肩上がりで成長し続けるだろう」という前提の下でつくられている。少子高齢化を背景に、1965年には65歳以上の高齢者1人を9・1人の現役世代（20～64歳）が支える「胴上げ型」だったのが、2012年には2・4人で支える「騎馬戦型」になってしまった。さらに2050年には、1・2人で支える「肩車型」になるといわれている。

もう一つの問題は、そもそも日本の年金制度は、2世代3世代同居があたりまえの時代につくられたということだ。老後に家族扶助を受けられることを前提に創設されている。だから、年金はあくまでも生活費を補完する収入に他ならない。しかし、それももはや遠い昔の話だ。

平成29年（2017年）版の「厚生労働省白書」によれば、2014年時点で年間所得200万円未満の高齢者は、単身者で69・0％もおり、夫婦のみ世帯でも14・0％となり、7世帯のうち1世帯が該当する計算になる。これで家賃や食費、光熱費、医療費などを捻出するとなれば、足りるはずはない。

以前は国民年金だけの収入でも、同居する現役世代の子どもが生活基盤を支えてくれたので、不自由なく生活することができた。現在は核家族、独居があたりまえの時代となり、生活費のすべてを年金で賄わなければいけなくなってしまった。

そして、より根本的な理由としては、日本の社会そのものが「市場化」され過ぎていることがある。この国では保育、教育、介護、医療、住宅、それ以外の生活資源やサービスなどのかなりの部分が貨幣で購入しなければ手に入らない。なかでも、介護分野はシニア向けに商品化されてしまった最たるもので、都内の有料老人ホームだと、月額利用料30万円以上は珍しくなく、一部の富裕層向けのサービスと化している。

これは諸外国を見れば、決して当たり前のことではない。たとえば、米国では低所得者向け高齢者専用住宅が数多くあり、貧困者には食料クーポンが支給される。私が理事を務める生活困窮者支援団体「特定非営利活動法人ほっとプラス」でも食料支援活動を行っているが、高齢の対象者が非常に増えている。日本の場合には、民間団体がこうした方々を自発的に支援しているのが現状だ。年金を貰っていても生活費が基準額を下回れば生活保護は受給可能だが、世間体などもあり、生活保護受給のハードルは相変わらず高い。

どれほど長寿化しようとも、生活に必要なベーシックサービスが個々人の持っている貨幣の多寡に関係なく低額化、無償化されて供給されるのであれば、それほど生活に支障を来さないはずだ。このベーシックサービスとは、慶應義塾大学の井手英策教授によれば「すべての人々の生活を保障する仕組み。具体的には、医療、介護、教育、子育て、障がい者福祉といったサービス」であり、これらをすべての階層に無償で提供する政策を提案している。すなわち、「何人子どもを持とうが、何歳まで生きようが、いつ失業をしようが、生活の基礎的な部分に不安を持たずに生きていけること」を意味するという。

しかし、日本人は「市場主義」を盲目的に受け入れ、依存しすぎてしまった。カネがなければ必要なものが手に入らないという前提で設計されている現代の日本社会では、手持ちの資金が底をつけば生きていけない。仮に預金が底をつかないまでも、いずれ底をついてしまう事態に怯え、不安にさいなまれ、より多くの貨幣を手元に置いておき、蓄蔵する傾向にある。多くの人が不安を抱えながら貯蓄に励み、老後を迎えて貯蓄がなく、政府を頼る人々は非難の対象となり、生活保護などの給付申請には行き着かなくなる。

年金は今後どう改革されるか

多くの高齢者が賃労働を強いられている理由を収入の面から説明するのであれば、やはり年金制度が機能不全に陥っている影響がきわめて大きい。

厚生労働省が発表した2022年度の年金額を見てみると、国民年金は満額受給で6万4816円。厚生年金では、モデルケース（平均的な収入を得ていた会社員の夫と専業主婦世帯）として割り出した受給額は21万9593円だった。ここから、国民健康保険や介護保険などが天引きされて銀行口座などに振り込まれる。

厚生年金受給者でも、比較的ゆとりのある生活をするには年金だけでは困難で、貯金を切り崩して不足分に充てている家庭も少なくない。国民年金の場合、6万4816円というのは満額支給の場合であり、平均額は約5万円だ。厚生年金受給者の夫が亡くなった場合、妻は遺族年金をもらえるが、国民年金の場合にはどちらかが亡くなれば、自動的に1人分の年金しか受給できなくなる。そもそも国民年金は定年に関係なく働ける自営業者を対象につくられた制度である。しかし、実際には小規模事業者の従業員やパートなど厚生年金に加入できなかった給与生活者は多い。現代日本では企業が雇用し、社会保険に加入させることを忌避する場合も散見される。企業分の社会保険料支払いが減れば、その分の利益が残るからだ。ウーバーイーツの配達員などは、個人事業主となるので彼らの老後に厚生年金はない。

厚生年金保険料は給料から天引きされるが、自営業者やフリーランスなどの国民年金は自主納付の形態をとっている。その中で噴出してきたのが、保険料未納による無年金問題だ。

17年まで国民年金は保険料を25年間納付することで受給資格を得る制度だったため、保険料を払い忘れたり、生活苦で払えない場合など、納付期間が不足した結果、支給開始年齢になっても一銭ももらうことができない高齢者が続出していた。

これはあまりにひどいと批判を浴び、同年8月、無年金者救済法が施行された。必要な保険料の払込期間が25年から10年に短縮されたのだ。これにより、前年の無年金者の推計96万人のうち、約50万人が新たに受給できる権利を獲得した。平均で月2万7787円という少額ではあるものの、年金を受給できるようになったことで、無年金者は減少したはずだった。

ところが、19年の推計では、無年金者数は77万人と再び増加している。20年6月の厚生労働省「公的年金制度全体の状況・国民年金保険料収納対策について（概要）」によれば、個人事業主や自営業者、その配偶者などで構成される国民年金の「第1号被保険者」は1453万人いるが、そのうち保険料納付を免除されるか、猶予されている人の総数は583万人とされ、全体の4割を超えている。さらに未納者も125万人おり、合計すると708万人（48・7％）が保険料を定額通り納付できていない状況にある。このままでは無年金者・低年金者は、今後さらに増加していくだろう。

そして22年10月、社会保障審議会で年金制度改革に向けた議論が始まり、国民年金の財源確保を図り、給付水準の目減りを防ぐため、保険料の納付期間を5年延長（20歳からの40年間から45年間へ）することなどが検討される見込みとなった。

そもそも厚生年金の財政は比較的余裕がある一方で、国民年金の財政は前述のような事情もあり逼迫し、悪化している。このため、厚生年金の財源の一部を国民年金に振り分けて、基礎年金の目減りを抑えるプランも出るとみられている（図2－1）。

これは、いわば「国民年金の厚生年金による穴埋め」であり、給与から保険料を天引きされる会社員や公務員は、保険料徴収率の低い自営業者やフリーランスの尻拭いをしてお

図2-1　公的年金の仕組みと改革案

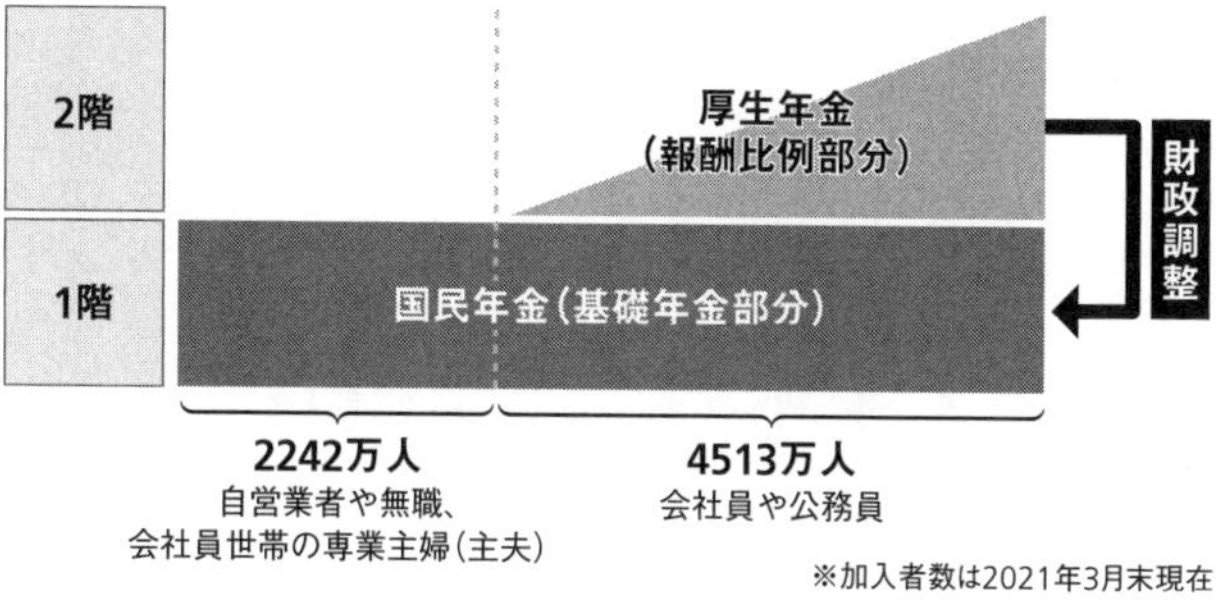

り、損をしているという分断を生むのではないだろうか、と心配される。こうした批判をかわすためか、保険料納付期間の延長などの改革を実施した場合、「厚生年金の減額幅以上に基礎年金が底上げされる人が多いため、高所得（世帯年収1680万円以上）の会社員世帯を除いては、厚生年金受給者も含め現行の見通しよりも所得代替率は上がる」と厚生労働省は試算を示している。これは、一部の高所得者が割を食うだけで、多くの会社員世帯には得ですよというエクスキューズに聞こえる。

年金財政の持続可能性を点検する5年に一度の「財政検証」は、次回24年に行われる。そのときにいったいどんな改正案が提出されるだろうか。

19年には、「老後2000万円問題」が巻き起こったことも記憶に新しい。金融庁の金融審議会「市場ワーキング・グループ」によって、「老後の30年間で約200

0万円が不足する」という試算が発表されたことで、メディアが連日大々的に取り上げ、日本中の関心を集めた。ある男性のツイートがきっかけで、「暮らせるだけの年金を払え」「2000万円貯めて、と丸投げするな」などと憤った若者たち2000人のデモにまで発展した。

ただし、この試算は、①夫65歳以上、妻60歳以上でともに無職、②30年後まで夫婦ともに健在、③毎月の家計収支は平均約5・5万円の赤字という前提に基づいており、誰もが老後に2000万円必要というわけではなく、意図的に水増しされた数値だった。にもかかわらず、大きな騒ぎになったのは、一連の報道が、「老後に資金を蓄えておかなければ生きていけない」という、多くの人がもっている将来への不安を刺激したからだろう。

ちなみに、高齢者世帯の平均赤字額は毎月約3・2～3・4万円なので、65歳から95歳までの30年間では約1100万円の収支マイナスとなる。このくらいの額の預貯金がリアルな防衛額なのかもしれない。ただ、どこまでいっても個人差があり、高齢期の消費生活にけ変化も生じるだろうし、何ともいえない試算である。もちろん、貯蓄が300万円に満たない勤労世帯が25%を超えている現状で、老後1000万円が必要だとして厳しいことに変わりはない。まさに不安を背景に、貨幣を便利に使うのではなく、貨幣に人生すべてを支配されてしまっている状態だといえよう。

生活保護受給世帯の過半数が高齢者

もっとも前述したように、困っているわけではないが不安に駆られて働く人もいれば、本当に今日を生きるお金もないという人たちもいる。

そのことを客観的に示しているのが、生活保護受給世帯に占める高齢者の割合だ。厚生労働省の「生活保護の被保護者調査」(22年5月現在)によると、生活保護を受けている人数は202万3336人、被保護世帯は163万1978世帯となっている。そのうち過半数の55・8%が高齢者によって占められており、しかも高齢者世帯の92・3%が単身世帯である(図2−2)。高齢者の生活保護世帯は、10年前に比べて、約24・4万世帯増えていた。

しかし、これはあくまで、生活保護を「受給できている」高齢者の世帯数である。日本における生活保護は、実際に利用する資格がある人の数から見ればあまりに〝使われていない〟制度であり、生活保護を利用する資格がある人のうち、実際に利用している人の割合である「捕捉率」はきわめて低い。この捕捉率はデータをもとにした推計値であるため調査の主体によって若干のバラツキが出る傾向はあるが、社会保障を専門に研究する学者

図2-2　世帯類型別世帯数及び割合（保護停止中を含まない）

総数			1,631,978
			構成割合
世帯類型別内訳	高齢者世帯		911,340　（55.8%）
	（内訳）	単身世帯	841,264　（51.5%）
		2人以上の世帯	70,076　（4.3%）
	高齢者世帯を除く世帯		720,638　（44.2%）
	（内訳）	母子世帯	67,501　（4.1%）
		障害者・傷病者世帯計	403,572　（24.7%）
		その他の世帯	249,565　（15.3%）

出典：厚生労働省、生活保護の被保護者調査（2022年5月分概数）

たちの推計である25〜26%が捕捉率の妥当な数値と見ておいていいだろう。

都留文科大学の後藤道夫名誉教授によると、生活保護基準未満世帯における生活保護の捕捉率は単身の高齢者世帯で29・5%。二人以上の高齢者世帯では13・5%と推計されるという。要するに、生活保護受給者は全国で202万人ほどいるが、この3〜4倍相当にあたる人々が、本当は生活保護を受けてもいいはずなのに申請せず、生活保護水準以下の収入しかないということだ。

生活保護をめぐっては、「国のお世話になりたくない」「自分で稼いだカネで生活していないのは人として失格だ」という思いを抱く人が多く、申請を渋る傾向にある。高齢者の場合、こうしたスティグマ（他者や社会から押し付けられたネガティブなレッテル、偏見や差別）を恐れる気持ちは若年者以上に強固だ。

さらに、生活保護を申請しようとしても、やっかいな問題が待ち受けている。

まず資産がある場合には、それを処分してからでないと受給できない「補足性の原理」というルールがある。そのため、持ち家や自動車を手放したくない一心で極貧の生活に耐えている人も少なくない。資産価値のなくなった家や、自動車以外の交通手段がないケース等は保有が認められる場合もあるが、このことはあまり知られていない。

「扶養照会（生活保護を申請した人の親族に援助が可能かどうかを問い合わせる制度）」によって、きょうだいや子どもに連絡が行くのが嫌で生活保護をあきらめる人もいる。特に疎遠になった親族に対しては、知られたくないという思いがより一層強い。21年には、厚生労働省が、「扶養義務の履行が期待できない者に対しては扶養照会をしなくてもよい」という通知を出したのだが、生活保護担当部署はオーバーワークなどが原因で勉強不足の職員もいるため、通知が行き渡っているとはいえない状況だ。

また、なかには「水際作戦」（申請書を渡さずに窓口で追い払うこと）と呼ばれる生活保護費抑制を狙う対応をする自治体もいまだに散見される。この背景には、生活保護費として地方自治体は4分の1を負担（国が4分の3を負担）しているため、負担を軽減しようという発想がある。このように、生活保護の申請に漕ぎつけるまでにはいくつかの壁が立ちはだかっている。生活保護制度は厚生労働省の指導、通知が行き渡らず、現場の福祉窓口で違法な運用が横行していることは強調しておきたい。

都市部は家賃が高いため、生活保護以下の生活を強いられている人は比較的見つかりやすいが、地方では埋もれたままだ。崩れ落ちそうな家に住んでいて、国民年金は月額3万円弱というお年寄りに会ったことがある。庭で野菜を育てて自給自足で何とか食いつないでいた。地方に行くと、そのような高齢者はたくさんいる。ただ、沖縄県の離島などでは、そんな高齢者が幸せそうに泡盛を飲んでいたりする。おおらかな土地柄で、知り合いの家に行くと無料で酒を飲ませてもらえるからだ。いまだに血縁だけではない近隣との相互扶助が見られる光景は好ましくもあり、老後生活において貨幣はどこまで必要かという議論に新しい解を提示してくれているように見える。

地方の場合には、持ち家に住んでいて家賃がかからない高齢者が多い。それでも、国民年金の平均受給額5万円では、生活保護の生活扶助費6万円台~7万円台（居住地により異なる）には足りない。

65歳以上の高齢の生活保護受給者は年々、増加しており、20年には105万4581人

図2-3　年齢階級別被保護人員の年次推移

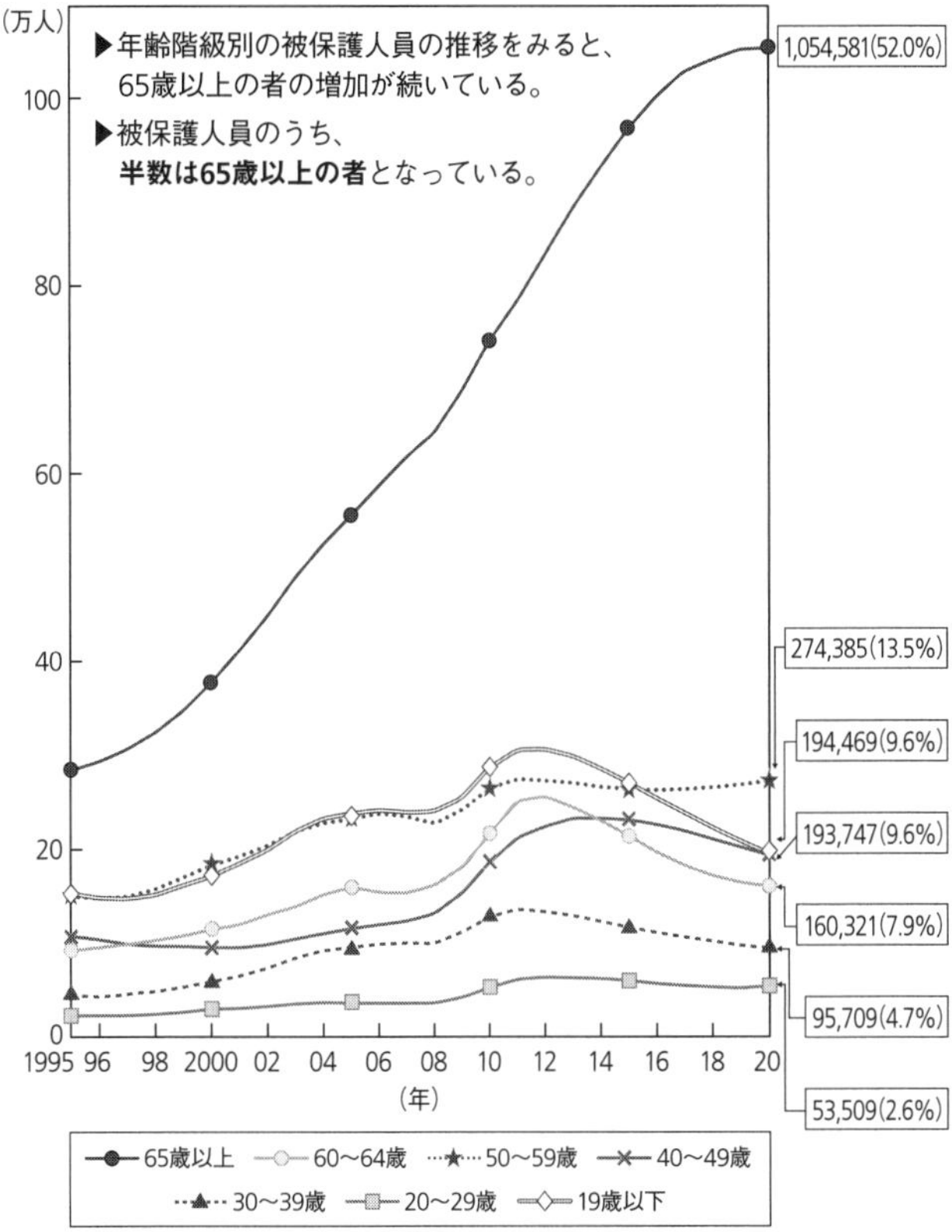

出典：厚生労働省、被保護者調査（年次調査）※各年7月調査日時点

に達した(図2−3)。このうち、無年金者は約48万人いる。その他の人々は、何らかの年金を受給しているものの、受給額だけでは足らずに生活保護との併給になっている。生活保護制度というのは「補足性の原理」なので、本来国民年金だけでは足りなければ不足分の1〜2万円は支給するという仕組みだ。申請すれば併給できるという人は潜在的には膨大にいる。

15年に出版した『下流老人』でも生活保護申請を推奨したが、その際も多くの人たちから問い合わせがあり、保護申請に結びついた事例がある。

本来、生活保護は、憲法25条で定められた「健康で文化的な最低限度の生活」をするために認められた権利であり、最後のセーフティーネットであるはずなのだが、そこからこぼれ落ちている人があまりに多い。私のライフワークとして、この問題の是正には継続的に取り組んでいくことになるだろう。生活保護制度の概要と制度活用に向けての偏見解消案は第6章で詳述する。

女性の低年金問題

低年金にあえぐ高齢者は、女性のほうが圧倒的に多い。

その理由の一つは、厚生年金における男女格差の問題から生じている。

後述する年金裁判の東京弁護団の一人である今野久子弁護士が調査したところによると、2013年度末の厚生年金平均月額は男性16万6418円に対し、女性は10万2086円で、男性の61・8%しか受給していないことが明らかになった。比較的恵まれているとされる厚生年金でさえ、多くの女性が10万円そこそこの年金しか受け取っていないことになる。

厚生年金保険料の標準報酬月額（保険料算定時の基準となる額のこと）の平均は31万5000円であるが、「標準報酬月額の分布」（図2-4）を見ると、男性の場合は標準報酬月額が上限の32級（65万円）が206万人と最も多くなっているのに対して、女性の場合は15級（22万円）が160万人と最も多くなっている。

1985年、男女雇用機会均等法が公布されたが、それまでは長い間、男女の賃金差別が平然と続いていた。厚生年金は、現役時代の賃金の多寡が年金支給額に反映される仕組みになっているため、男女の賃金格差はそのまま年金支給額に反映されてしまうのだ。

東京に住む74歳の女性は、大手総合電機メーカーで42年間、懸命に働いてきた。48歳のときには、男女の昇格賃金差別の是正を求めて東京地裁に提訴したというパワフルな女性

図2-4　標準報酬月額の分布

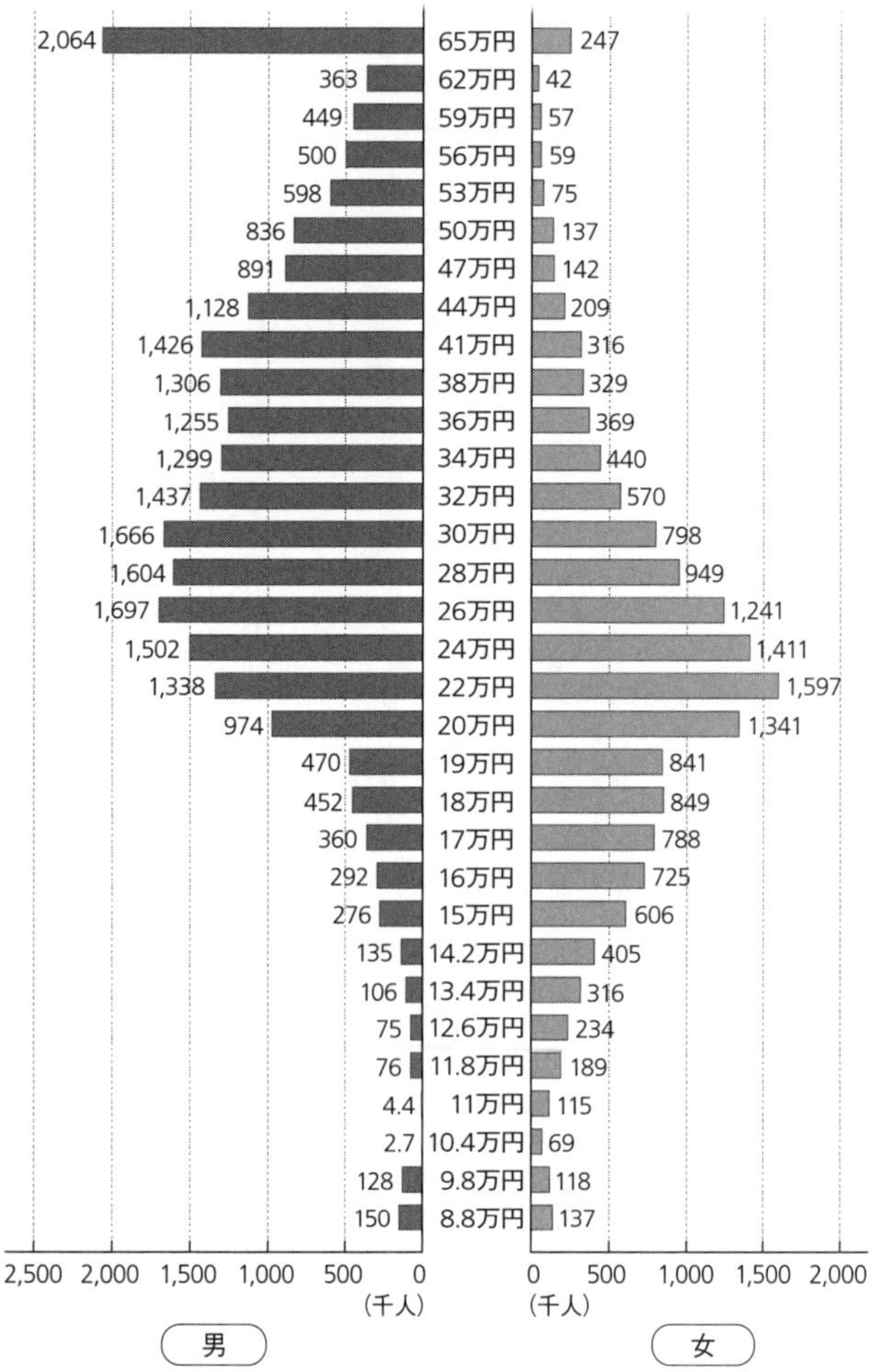

出典：厚生労働省、厚生年金保険・国民年金事業月報（速報）（2020年9月分）

だ。男性の平均賃金と比較してみると、年収260万円の賃金格差があったという。会社との和解に漕ぎつけたものの、是正されたのは定年前の4年間だけで、それ以前の賃金が変わることはなかった。それゆえに年金は月額約14万円と、大手企業出身としては少なすぎるだろう。

現在の年金世代を見ると、高齢男性の多くは、終身雇用型の働き方をしてきたため、厚生年金保険料を給料からの天引きによって支払ってきた。

一方、女性は、結婚、出産などのライフサイクルによって、自分の働き方を変えざるを得ない状況に置かれがちである。現在は育児休業が認められるようになってきてはいるが、それでも、出産とともに離職する女性は後を絶たず、以前より減りつつも、相変わらず日本の課題である。

いまの年金受給世代の女性は、現役世代よりはるかに不利な就労環境に置かれていた。ひと昔前には結婚退職や出産退職が社会通念としてまかり通っており、なかには就業規則として定めた会社も珍しくなかった。1986年までは厚生年金の脱退手当金が特例として定められており、数年で退職することになった女性の多くが掛け捨てを嫌って受け取った。これを受け取ったことにより、後年、会社勤めをしていた期間は保険料を支払ってい

図2-5　年金受給額（月額）と受給者数（人）の男女比較

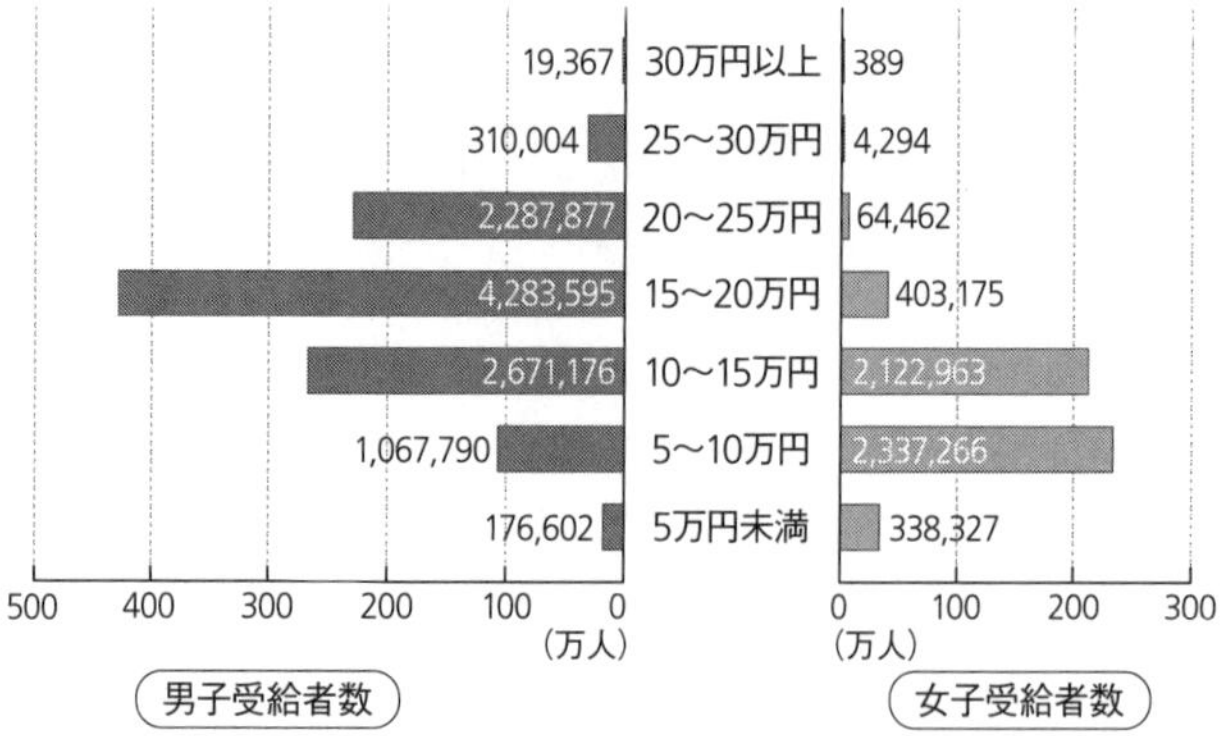

出典：厚生労働省、平成30年（2018年）厚生年金保険・国民年金事業統計年報（2020年3月公表）

ないという扱いで年金受給権喪失や低年金という不利益を被ることになる。

「年金受給額（月額）と受給者数（人）の男女比較」によると（図2－5）、月額10万円未満の年金受給者は、男性124万4392人（11・5％）に対して、女性は267万5593人（50・7％）と全体の半数以上もいる。

育児休業制度もなかった頃、仕事に復帰する手段として門戸が開いていたのはパートという働き方だった。16年からは一定の条件を満たすことでパートも厚生年金に加入できるようにはなったが、それまではシングルマザーなど厚生年金に加入できないままに働いてきた女性たちは自動的に国民年金のみとなり、低年金受給者となっている。

国連の社会権規約委員会は、13年に日本の高齢者、特に高齢女性の貧困の増大を懸念して、年金制度の見直し、最低保障年金を導入するよう求めるなどの勧告を行っている。また、生活保護についても「申請手続を簡素化し、かつ申請者が尊厳をもって扱われることを確保するための措置をとるよう」「スティグマを解消する目的で、締約国が住民の教育を行うよう」勧告を受けている。

年金減額のロジックと見通し

神奈川県に住む80歳のとある女性は、高齢にもかかわらず、障害者施設で週5日、朝6時から3時間勤務して、月5万円の収入を得ている。月額6万円弱の年金では、生活していけないからだ。体力的にはそろそろ限界がきているため、生活保護の申請を考えているが、コツコツとためてきた貯金を切り崩さなければならないことを考えると、なかなか踏ん切りがつかないという。74歳のときには月額7万3０００円の年金を受給していたというから、6年間で1万3０００円も削られたことになる。低年金での1万3０００円減は死活問題だろう。なぜ、このようなことが起きるのか。

公的年金は、毎年の物価変動に応じて、物価上昇時には年金額も増加し、下落時には減額する仕組みを基本としている。ここが民間保険の個人年金などとは違う利点でもある。しかし、少子高齢化を背景に、年金制度の改革は、平成に入った頃から、いかに保険料を徴収し、支給を減らすかを主眼に行われ、改革のたびに削減されるようになった。

１９８９年（平成元年）の改正では、学生を含む20歳以上の国民年金制度への強制加入制度が導入された。94年には、厚生年金の定額部分の支給開始年齢を60歳から65歳に、13年までに段階的に引き上げることが決まった。

２０００年には、厚生年金の報酬比例部分の支給開始年齢を60歳から65歳に、25年までに段階的に引き上げることが決まった。また、当時はデフレに突入しており、物価が下がったにもかかわらず、景気をさらに冷え込ませないようにという意図で、年金額を減額せずに据え置くとした法律「特例水準」が成立する。据え置かれた分は物価が上昇した際に解消することになっていたが、その後はデフレ状態が続いた。

04年、国は給付と負担のバランスを図るという名目で、それまでの「物価スライド」から「マクロ経済スライド」へと制度を変える。マクロ経済スライドでは現役人口の減少、平均寿命などの社会情勢に合わせて調整する方法をとるため、年金額は物価の上昇率よりも抑制されることになる（図2－6）。

図2-6　マクロ経済スライドのイメージ図

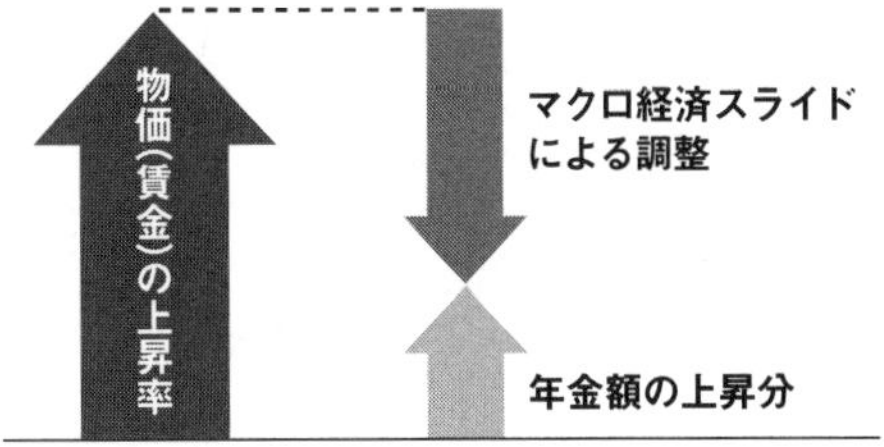

12年の改正では、特例水準により据え置かれ、本来の年金額より2・5%高い水準となっていた年金額を、13年からの3年間で段階的に削減することが決定した。

16年には、デフレにより、物価が上昇した場合に抑制するマクロ経済スライドを発動することができなかったことから見直しが行われ、調整がより強化されることになる。マクロ経済スライドが実施できない場合には、その分を翌年以降に繰り越すキャリーオーバーという手法が導入された（18年施行）。また、賃金・物価スライドについては、支え手である現役世代の負担能力に応じた給付にするという観点から、賃金変動率が物価変動を下回る場合には賃金変動に合わせて改定することになった（21年施行）。つまり、物価と賃金を照らし合わせて、常に低いほうを採用することになったのである。

これらの度重なる法改正や第2次安倍内閣によるアベノミクス（デフレ脱却を目指した金融政策）によって、マクロ経済スライドは発動されやすくなった。第2次安倍内閣発足後の13年から21年までの年金改定率を合計するとマイナス0・7%になった。その間の物価は5・8%上昇しているため、それも含めるとおよそ6・5%減らされた計算になる。

22年に入ると、ロシアによるウクライナ侵攻の影響や円安などにより、目に見えて物価が上昇するようになった。農林水産省の発表によれば、同年4月、輸入小麦の政府売り渡し価格が7か月前の約1・4倍となった。その影響を受けて、パンなど生活に欠かすことのできない商品の価格が高騰している。ほかにも、同年3月の物価は、電気が前年比21・6%、ガス18・1%、生鮮魚介13・6%、生鮮野菜11・3%など軒並み上昇した。

物価がこれだけ上昇している中で、22年の年金額は前年の0・4%引き下げが決定した。国民年金では、満額受給で前年比259円減、厚生年金のモデルケース（平均的な収入を得ていた会社員の夫と専業主婦世帯）では前年比903円減となった。

国は、「マクロ経済スライドによる調整を計画的に実施することは、将来世代の年金の給付水準を確保することにつながる」として、物価が上がっていようが下がっていようがとにかく下げて給付水準削減の強化を推し進めている。

19年6月に行われた党首討論において、日本共産党の志位和夫委員長がマクロ経済スライドの廃止を迫った際、当時の安倍首相は、「廃止には7兆円の財源が必要」と答弁した。ということは、マクロ経済スライドで、年金支給額を7兆円も削減することを認めたことになる。

また、「介護保険料が年々高くなる」という高齢者の声も聞く。ある83歳の男性の場合、2000年時点では年金約20万円、そのうち介護保険料と国民健康保険料の合計は6800円だった。ところが、12年には年金が約17万8000円に減ったにもかかわらず、介護保険料と後期高齢者医療保険料の合計が1万1000円に上がった。天引き後の年金額は16万7000円だった。

国民年金を見てみると、02年から22年の20年間で、満額支給で年額2万6400円（80万4200円－77万7800円）も減らされている（図2－7）。5年に一度行われ、公的年金の見通しを示す「財政検証」（19年）によると、人口や経済状況などいくつかの前提条件が変動しうるため確定的ではないが、約30年後には、19年の所得代替率61・7％に対し、50％程度もしくはそれ以下にまで低下する見通しが示された。

年金が下がり続けていることに関しては、先立つものとして国の年金財源がないからという理由で「仕方ない」「皆で我慢するより他ない」という議論になってしまいやすい。

図2-7　減らされ続ける国民年金（年額）

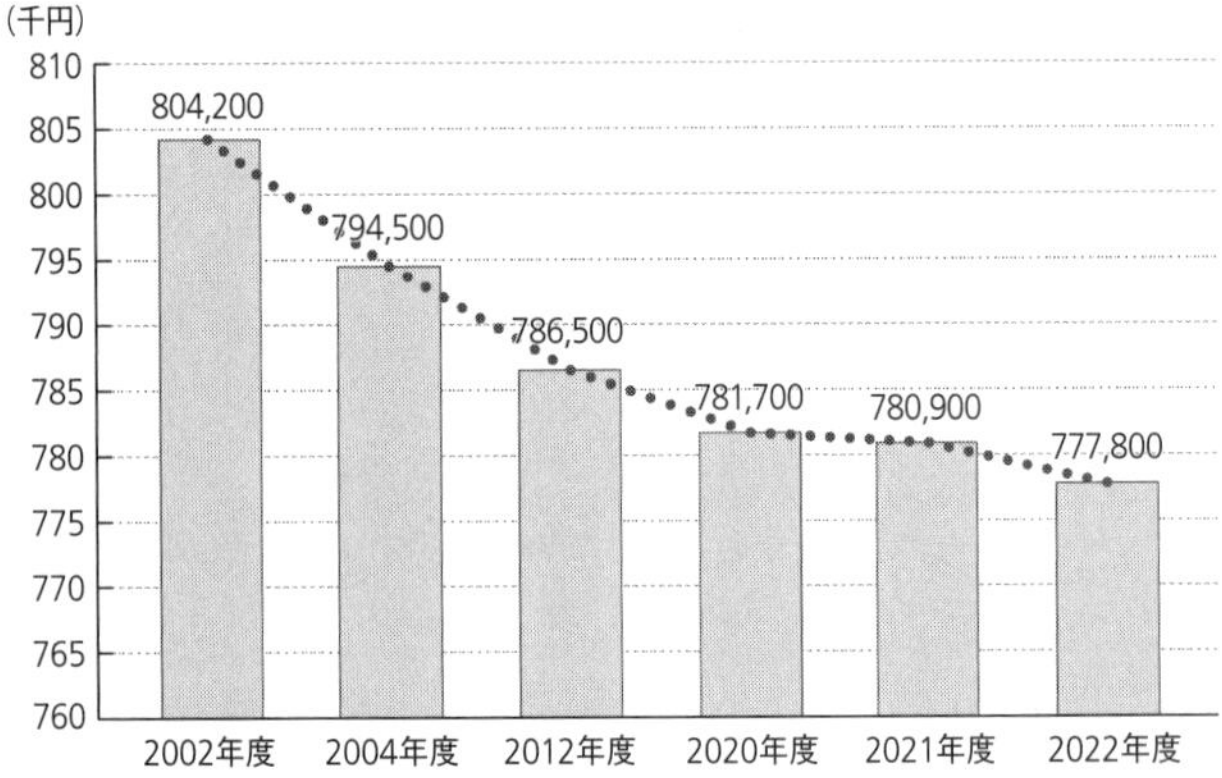

出典：総務省発表資料

しかし、このままでは、未来の高齢者はさらなる低年金に苦しめられることを意味する。本当にこのままでいいのだろうか。

年金引き下げ違憲訴訟

全日本年金者組合による「年金引き下げ違憲訴訟」は、「特例水準」の解消を口実に、国が年金額を２・５％切り下げたことに端を発する。15年２月、鳥取県で24名が先陣を切り、５月東京都本部の５２６名と続き、全国に広がっていった。７年以上が経ち、43都道府県（39地方裁判所）で原告５２９７名、３００名以上の弁護団、さらには学者20数名の協力も得て大所帯の原告団となり、社会保障訴訟では歴史的な取り組みになっていった。

全日本年金者組合とは、高齢者の権利や生活を守るための活動や、孤立化を防ぐための仲間づくりを目的としたサークル活動などを行っている革新系の団体だ。全国47都道府県に地方本部を置き、946支部、11万人の組合員を有する（22年現在）。

同団体では、確定された年金の度重なる引き下げが、憲法13条の「個人の尊厳」、憲法25条の「健康で文化的な最低限度の生活を営む権利」、憲法第29条の「財産権の保障」を侵害しているとして、国を訴えている。

「国は、公的年金だけで健康で文化的な最低限の生活を送ることができない高齢者がいることは認めています」と、全国弁護団共同代表の加藤健次弁護士は語る。

「その一方で、『それは社会保険法、社会福祉法その他の社会法制制度全体で保障されるべきもので、国民年金法等のみで保障されるというものではない』として、年金で生活できなければ、生活保護を受ければいいではないかと主張している。しかし、生活保護は、国が『必要な保護を行い、その最低限度の生活を保障するとともに、その自立を助長することを目的とする』（生活保護法第1条）制度です。自立助長のための生活保護制度を高齢者の生活保障に用いるというのは、そもそも無理があります」

いままでに、181名の原告が証人台に立ち、自らの窮状を明かしながら、年金引き下

2022年10月21日、日比谷野外音楽堂で4年ぶりに全日本年金者組合と全労連の共催で「年金一揆フェスタ」が行われた

「物価が上がる一方で年金は下がる」現状について、物価の上昇に見合った年金の引き上げや最低保障年金制度の創設が訴えられた

げの違法性を訴えてきた。そのうちの一部を紹介しよう。

「上げてくれとは申しませんが、減額はやめてください」

17年6月8日、小板橋義男さん（78）は口頭弁論で、12年の改正法が、「高齢者世帯の生計に大きな打撃を与えるものであり、財産権を侵害する」という主張をした。

小板橋さんは会社勤めをした後、20代後半に断熱工事会社を設立した。しかし、30代後半に連鎖倒産、その後は自営業になったが商工ローンに頼らざるを得なかった。商工ローンの取り立てに苦しみ、周囲の者に迷惑が及ばないように妻子と別れ、親兄弟や親しい友人とも自ら関係を絶ったという。

55歳のときに、このままでは自分に年金受給資格がないことを知り、厚生年金のある就職先を探した。幸い、タクシー会社の配車係の仕事に就くことができて、夕方5時から翌朝8時までの深夜勤務を72歳まで続けた。

現在、小板橋さんの年金額は、月額13万2417円。そこから都市民税、後期高齢者医療保険料、介護保険料で計7150円差し引かれ、1Kアパートの家賃3万5000円、医療費1500～2000円、光熱費1万円の支出があり、手元に残るのはたった7万8

000円で、生きていくためのやりくりが大変だという。

冷蔵庫、固定電話、ラジオ、こたつ、もらい物のエアコンはあるが、洗濯機、テレビ、パソコン、携帯電話、腕時計を買う余裕はない。衣類も、下着や靴下を除いては新調しておらず、散髪は1000円カット、食事はほとんど自炊、旅行や映画、本の購入といった娯楽を楽しむような贅沢はできない。週1回の碁会所通いと、年金者組合や囲碁の仲間と安上がりの外食をすることが数少ない楽しみになっている。

「このように、私は限界まで切り詰めて生活しているため、少しでも年金が引き下げられると、もはや人間らしい生活は送れません。年金を上げてくれとは申しませんが、減額することはやめてください」

18年1月31日、巻和泉さん（72）は口頭弁論で、「国民年金保険料の納付率の低下は、『世代間の不公平感』の現れではなく、『保険料が高く、経済的に支払うのが困難』なことが圧倒的な理由である」ことを自らの家庭の実態とともに主張した。

巻さんは大学院を修了してから、高校、高等専門学校などで非常勤講師として働いた後、1985年から2008年まで予備校講師を務めた。

講師の仕事は1コマいくらの時間給で、社会保険もボーナスもない。予備校の場合には生徒の人気で査定されて毎年時間給とコマ数が決められる。極めて不安定な職業だった。国民年金保険料は自分の収入に比べて高いとは思ったが、きちんと約35年間（425か月）納めてきた。しかし、国民年金を受け取ったときには、5万7600円というあまりにもの少なさに愕然とした。妻の共済年金は13万4833円。巻さんの年金額は妻の半分以下だった。

巻さんには38歳の娘と32歳の息子がいる。娘は結婚して近所に住んでおり、夫は建設業の個人事業主で国民年金、娘はパート就労で厚生年金に加入している。

「就労時間が不規則な娘夫婦に代わり、保育園の送り迎えなど孫の世話に明け暮れています。健康を損ないがちな娘夫婦のために、食事の提供などをして支えていますが、彼らの収入の少なさに暗澹たる思いを禁じえません。婿の国民年金の納付は遅れがちで、切羽詰まって私たち夫婦にお金を借りに来ることもあります」

息子は大学卒業とともに大手の不動産会社に就職、投資用マンション勧誘の過酷な仕事に従事してきたが、肌に合わず5年前に退職した。その後、もともと麻雀が好きだったことから、プロ雀士を目指して雀荘のアルバイトをするようになった。

「収入は年間84万円程度で最低賃金以下です。自立とは程遠いものですが、いまの息子から夢を奪ったら生きる意欲そのものを失ってしまうのではないかと思います」

息子の国民年金保険料は巻さんのわずかな蓄えから支払っている。年金収入しかない状態で、毎月息子の年金保険料分を取り崩していくことは恐怖を伴うという。

「それは、私から孫までの三世代が共倒れになってしまうのではないかという恐れなのです。娘や息子のように非正規で働く人は、いまでは労働者全体の4割を超えています。若者世代の納付率が低いのは、ひとえにそれだけの収入がないことに尽きます。働く世代の賃金き引上げと正規雇用の拡大で公的年金の財政を安定させることによって、高齢者も将来の年金受給者である若者も、ともに安定した老後が保証されるような制度の実現を強く願います」

最低保障年金制度の導入を

18年11月20日、荒谷郁男さん(71)は、12年の改正法は、その立法過程において、特例水準による「払いすぎ」の金額のみが検討され、年金減額が高齢者の生活に与える影響が十分に検討されなかったことなどから、違憲であることを自分と母の生活実態とともに主張した。

荒谷さんは、小学校教員として65歳まで働いた。年金は1か月約21万円だ。

「『公務員は年金が高くていいね』といわれることが多いですが、所得税、都市民税、介護保険が計2万円も天引きされ、健康保険、固定資産税・都市計画税（月割計算）を差し引くと、手取りは約15万円しか残りません。特に、健康保険と介護保険は毎年のように値上がりして手取り額は減る一方です。高血圧で通院しているので、医療費もかかります。退職金は自宅ローン支払いのために使い、ほとんど残っていません」

青森県にある実家は米とリンゴをつくる農家だった。父はすでに他界し、母は要介護1だという。雪かきもできないため、冬の間は東京に呼び寄せ、きょうだいで分担して母の面倒を見ているという。

「両親は4人の子どもを必死に育てながら、老後のためにと、少ない現金収入の中から国民年金保険料を支払ってきました。それでも、現在は母が受給している年金額はわずか3万5000円です。何という低さなのかと愕然とします」

母が青森にいる間、荒谷さんはときどき仕送りをしている。

「母は貯金もないので、一人で住めなくなったら、きょうだい4人で施設費用を負担するしかありません。わずか3万5000円しかない母の年金も、一律に2・5%削られたのです。母にとっては、文字通りの命綱です。どうして、これを削る必要があったのでしょうか。国は、老後は子どもの世話になるのがあたりまえ、それが嫌なら青森の田畑や家を売って、生活保護を受けろというのでしょうか。長年苦労して働いて年金保険料を納めてきた国民に対して、あまりの言い分です」

20年2月14日の法廷では、年金裁判を引っ張ってきた金子民夫中央執行委員長（当時）が意見陳述をした。

「いままで多くの原告が述べたように、平均的な年金額を受給している人もいれば、基礎年金だけの人、厚生年金でも月額10万円以下の人とさまざまです。年金加入歴も職歴も違うし、人生いろいろです。

しかし、いまの年金制度によって、生活保護よりも低い年金に苦しんでいる人が多いのが実情です。1日2食で我慢するとか、足が痛くても早朝から働きに出て不足分を稼ぐしかない。

ジェンダー平等が叫ばれる時代にはなりましたが、女性は働き盛りの頃から年金受給時代まで差別の受けっぱなしです。一人暮らしの高齢女性は高齢世帯の7割を占めていて、大変な困難を強いられて必死な思いで暮らしています。

『生活保護は生存権を保障している』というのが国の言い分ですが、それならば、生活保護費よりも低い年金は生存権を保障できず、憲法25条違反といわざるを得ません」

裁判は各地で続いており、22年10月31日時点で、39地裁と14高裁で判決が出ている。残念ながら、勝訴には至っていないが、粘り強く抗議の意思を示すことで、法廷内外の状況は変わりつつあるようだ。

これらの運動がメディアの目に止まり、テレビや新聞、週刊誌にも度々取り上げられることで、公的年金のあり方を世の中に問う役割を果たしてきた。

「裁判官の心情が窺えるような場面が、少しだけですが見られるようにもなりました」と、同団体中央本部の飯野豊秋副委員長は語る。21年、さいたま地裁の判決では多くの年金受給者が節約を余儀なくされていること、大阪地裁の判決では女性の高齢単独世帯の半数以上が生活保護基準の所得で生活していることを認めたのだ。

「札幌高裁では、『国の説明が不十分なので話を聞きたい』ということで、元・年金局長の証人採用が決まったのです。コロナだとか理由をつけて、なかなか応じようとはしませんりどね」

さらには、21年の衆議院選挙において、当時の厚生労働大臣が国民年金削減について改善の方針を打ち出すなど、国も無視できない状況になってきているようだ。

「そういう面では、私たちが提示した年金問題は大きく前進していると感じています。私たちは、『年をとったのだから、何が何でも働かない』といっているわけではないのです。一生働き続けたい人、のんびりと過ごしたい人、私たちのように社会活動をする人もいる。ただ、そういう選択ができないことが問題だと思うのです」

同団体では、「若い人も高齢者も安心できる年金制度を」と、アピールしてきた。国は「全世代型社会保障」を謳い、世代間公平論を展開してきた。国に対しては、マクロ経済スライドの廃止を求めるとともに、月額8万円の最低保障年金制度などの提案をしている。

「これからは、年金裁判と並行して、減らない年金制度、最低保障年金制度を求める市民運動に力を入れて、広く発信していこうと思っています」と、飯野副委員長は語る。

22年9月、岸田文雄首相は、物価高対策として、所得の低い住民税非課税世帯に一律5万円を臨時支給する方針を表明した。住民税非課税世帯の大多数は低年金高齢世帯であり、強い要請を受けて、単発的な現金給付を続けているが、これだけでは焼け石に水ともいえる政策ではある。

「下流老人」から脱するためには、政府方針に漫然と従うのではなく、全日本年金者組合のように、集団で抗議行動を起こしていくことが有効である。反対行動、抗議行動には批判的な意見もあり、同調圧力も強い日本だが、まさに「従順ならざる日本人」にあえてなるという姿勢も今後は必要となってくるだろう。

第3章
「死ぬまで働く」を強いられる団塊ジュニア、氷河期世代

半数近くが非正規雇用

22年7月8日に起きた安倍晋三・元首相銃撃事件は、日本中に大きな衝撃を与えるとともに、いままで埋もれていた問題を炙り出す結果となった。旧統一教会と政治家との癒着が白日の下に晒され、宗教2世が被る悲惨な実態を知ることにもなった。

山上徹也容疑者の生い立ちを辿っていくと、宗教2世という過酷な境遇に加えて、「就職氷河期世代」という二重のハンデがあったことがわかる。

就職氷河期世代とはバブル崩壊後の、有効求人倍率が1を下回った1993年から2005年頃までの期間に学校を出た世代、つまり22年現在において、おおよそ30代の後半から50歳くらいまでの世代にあたり、「ロストジェネレーション（ロスジェネ）」などとも呼ばれてきた。

はっきりした定義はないが、ロスジェネとは1971年〜1974年生まれの団塊ジュニア世代と1975年〜1984年のポスト団塊ジュニア世代がおおよそ該当するといわれており、合計すると約2310万人に達する。20年時点で日本の生産年齢人口（15〜64歳）は7406万人となっており、人口減少時代に突入した日本にあって、氷河期世代は生産人口の約3割を占め、人口の多い世代といえる。

図3-1　大学卒業者の就職率の推移

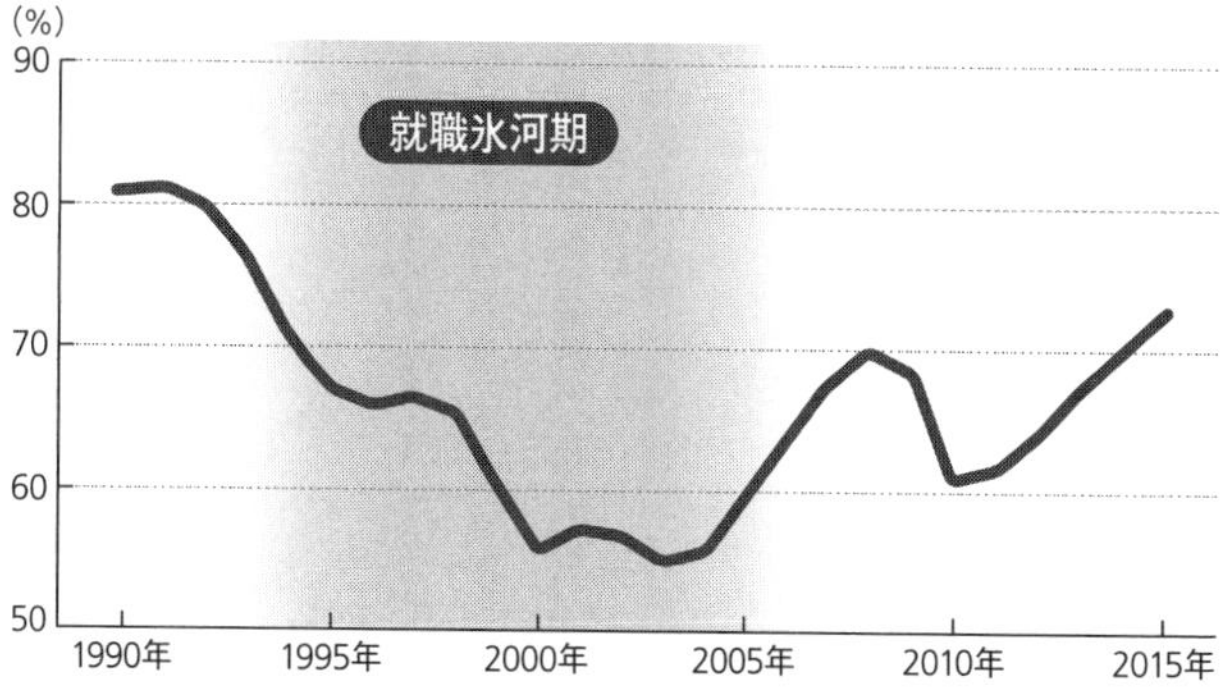

出典：文部科学省

しかし、この世代が高校や大学を卒業して社会に出ようとした時期は最悪のタイミングだった。人口の多い団塊世代が退職時期を迎えておらず、なおかつバブル経済が崩壊し、日本企業が求人を極端に絞ったタイミングにぶつかった。つまり、努力不足ではなく、上の世代の人と同じように学業、就職活動を行っても安定した雇用には辿り着かなかった世代だ。

大学卒の就職率はバブル期には80％台だったのが、98年を境に60％前半まで落ち込んだ（図3－1）。これにより、97年から04年にかけて、毎年8万人から12万人が就職できないまま大学や高校を卒業する事態に陥ったのである（図3－2）。正社員の職に就けないまま社会に放り出されることになった大量の若年失業者は、フリーター、あるいはこ

図3-2　就職氷河期における学卒未就職者の状況

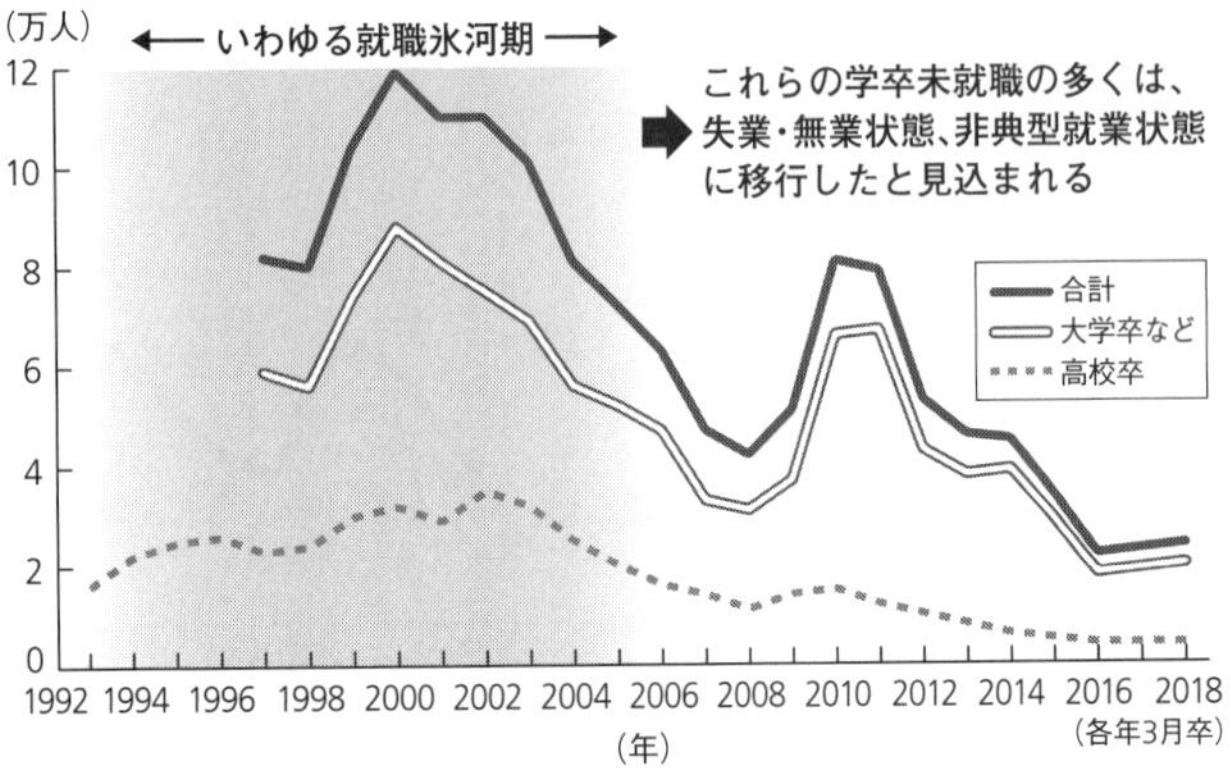

出典：厚生労働省・文部科学省、大学等卒業者の就職状況調査／文部科学省、高等学校卒業（予定）者の就職（内定）状況に関する調査　※1996年以前は大学等について調査未実施

の頃から本格的に規制緩和の対象となった派遣などの非正規雇用に吸収されていった。94年には22・2％だった非正規率は11年後の05年には47・7％に増大、実に若年就労者のほぼ半数が非正規になってしまったのである。

私自身が82年生まれなので、04年の大学卒業時期は最悪のタイミングだったことが思い出される。友人や先輩たちと会えば「就職先をどうするか」という話題が多く、一緒に悩む日も多かった。幸いにも私は就職活動を経験することなく、社会福祉士資格を取得して、区役所の福祉課などに勤務しながら、大学院進学という選択肢もあった。

これはレアケースであり、一般化できないものだ。友人や先輩たちの中には、就職活動の失敗を苦にして、一時的にひきこもり状態になり、うつ病を発症する人もいた。履歴書を何度も提出し、面接に行っても「不採用」が続けば、自尊感情が傷つき、社会に必要とされていないと受け取るのも無理はない。いまでは正社員として入社することも比較的容易な企業にさえ、嘱託社員、契約社員、派遣社員という雇用形態で入社せざるを得なかった者がいる。返済しなければならない多額の奨学金を抱えているので、就職活動の失敗は人生を左右する、と思い込む人も多かった。

80年生まれの山上容疑者も、そのような最悪の時代に社会に出ていった一人だった。高校卒業後、海上自衛隊を経て、アルバイトや派遣など非正規労働者として働き続けた。

「山上容疑者は、日本の資本主義社会における労働者階級のさらに下、『アンダークラス』という階層に入っていると見ていいと思います」(「AERA」22年8月1日号)

早稲田大学人間科学学術院の橋本健二教授はこう語っている。橋本教授が定義する〝アンダークラス〟とは、生きていくための最低限の賃金すら得られない非正規雇用労働者(パート主婦を除く)を指すという。たとえば、フリーターや元フリーターを含め非正規雇用のまま年を重ねた人や、シングルマザー、年金を十分に受け取れず非正規雇用で働く高齢者などだ。

近年起きている凄惨な事件の犯人には、山上容疑者に近い世代が多い。08年、秋葉原の交差点で17人の歩行者らを無差別殺傷した「秋葉原通り魔殺人事件」の犯人は、私と同じ82年生まれだった。19年、アニメ制作会社の社員36人が死亡した「京都アニメーション放火殺人事件」の犯人は78年生まれだ。ともに、派遣社員やアルバイトなど非正規の仕事を転々としている。

「事件の背景に、この世代に特に顕著である『這い上がれない悲惨さ』があるのは間違いないと感じます」と、橋本教授は同記事の中で語る。もちろん、どれほど過酷な人生を歩んでいたとしても、事件を起こす言い訳にはならない。三人に共通するのは、人間関係が希薄だったことだ。孤独の中で怒りが肥大化して暴走したのかもしれない。

ひと昔前まで、男性限定とはいえ、終身雇用が一般的であった日本では、現在でも最初に就いた職業がその後のキャリアを大きく決定づけてしまう傾向にある。いつまでも這い上がることのできない苦しみが絶望に変わっていったのではないだろうか。

この世代の絶望感は、自殺予防が目的である「いのちの電話」の利用者属性からも窺い知ることができる。08年に受信した相談数72万5857件のうち、年代別で最も多いのは

30代で16万7820件、全体の約23%だった。ところが、その10年後の18年では、年代別で最も多いのは40代に変わった。相談数62万7475件のうちの約24%にあたり、氷河期世代が依然として深刻な悩みを抱えていることが見えてきたのである。

団塊世代の父が案じる「8050問題」

人気ブログ「団塊シニアのひとりごと」を書いている谷川さん（74歳・仮名・仙台在住）は、11年前に定年退職した。会社には慰留されたが、仕事をしながら認知症の父の世話をするために、新幹線で盛岡まで通うのがきつくなっていたからだ。父が亡くなった後は毎月2回、2年前に母が亡くなるまで盛岡に通い続けたという。母も晩年には認知症を患った。

谷川さんには40代の息子が二人いる。いまは、妻と長男との三人暮らしだ。

長男は高卒後、職業を転々としたが、12年前から警備会社で働くようになった。駐車場や工事現場で警備員をしているのだが、いまだに非正規であるため、雨が続くと仕事がなくなり、収入が安定せず、ボーナスもない。無駄遣いをせずに限られた収入の中でコツコツ貯金をしているという。

「同居しているから生活できていますが、彼の将来のことを考えると不安です。私が現役の頃は年功序列、終身雇用でしたから、いま考えれば恵まれていたと思います」

次男は東京の私立大学を卒業後、司法試験にチャレンジしたが、願いかなわず断念。国立大学の職員として10年間勤務した。しかし、人間関係などが原因でうつ病を発症して退職に追い込まれた。それを機に自宅を出て一人住まいをするようになる。現在も通院中で仕事には就いていない。障害年金2級として月に約7万円を受給しており、不足分は働いていたときの蓄えを切り崩して、質素に暮らしているという。

「私たち夫婦にとって、特に次男のことは想定外の出来事でした。定期的にわずかながらも援助をしています。年間30万円ほどでしょうか」

谷川さん世帯の年金収入は1か月25万円。同居している長男から3万円入れてもらっており、計28万円が生活資金になる。比較的もらっているほうだといえるが、「楽ではない」という。マンションの管理費+修繕積立金として3万円がかかる。次男への援助もある。特に、費用がかさむのが医療費だ。妻が膠原病を患い、高額な注射を打っているからだ。高額療養費制度（1か月の医療費が自己負担限度額を超えたときに、その超えた金額が支給される。自己負担限度額は年齢や所得によって異なり、差額ベッド代や先進医療にかかる費用などは対象外となる）を利用しても、医療費は5万円にもなる。1か月の支出は31万円前後、毎月3～4

万円の赤字で、年間約40万円を預金から取り崩している。

「我が家の一番の懸念は8050問題です」と、谷川さんは語る。

8050問題とは、ひきこもりなどで自立できない子どもが親のもとに身を寄せることで生活を維持しているが、親が80代、子どもが50代になる頃には親の病気や要介護、資産の限界などがきっかけで行き詰りを見せる現象を指す。

厚生労働省によると、25年には高齢者の約5人に1人が認知症になると予測されている。谷川さんの両親は二人とも認知症を患い要介護状態になった。その際には、谷川さんが市役所に行き、介護認定の手続きをした。デイサービスの手配などをして、父の在宅介護体制を整えた。母のときには、ケアマネージャーと一緒に介護付き老人ホームを探した。

「そのような経験をしてきたので、できる範囲で行政に頼り、在宅介護で家族に負担がかかるようになれば、介護付き老人ホームへの入所を考えます。ただ、夫婦二人が入所できるほどの資金がないのが悩みです。余裕のある老後生活を送れるのは2割の富裕層のみで、私を含めて残りの人たちにとっては厳しいのが現状だと思います」

心ならずも非正規雇用に甘んじている長男ではあるが、5年前から厚生年金に加入できるようになった。

「その点では、ほっとしています。年金受給額は息子たちが65歳になる頃にはいまより少なくなるだろうとは思いますが、国が半分負担し、生きている限りは受給できるわけですから、日本の年金制度は決して悪い制度ではないです。無年金だと生活保護に頼るしかなくなるわけですから、もっと若い層に理解してもらえるように、公的年金の利点を広く知らしめるべきです」

谷川さんに限らず、中年になっても経済的に自立できない子どもをいつまで支えられるのか、悩む団塊世代の親は決して少なくない。

不本意非正規雇用という問題

20年、私は『棄民世代　～政府に見捨てられた氷河期世代が日本を滅ぼす』という著書を出版した。棄民世代とは、いわゆる就職氷河期世代と呼ばれていた人々を中心として、政府や企業などから雇用も社会保障も用意されず、そのため、生涯にわたり、低所得、生活困窮、単身化、ひきこもりなどの社会問題を抱えさせられた世代の人々を指す。自己決定、自己選択ではなく、社会のいびつな構造によって生み出された世代だ。就職時の一過性の困難ではなく、生涯を通じて困難に直面し続けているにもかかわらず、必要な対策が取られずに、社会から「捨てられた」と表現しても過言でない世代である。

狭き門を突破して正社員となった一部の若者たちを除けば、非正規雇用に甘んじるしかなかった人たちは企業で働くうえで必要な内部研修を若い時期に受ける機会を逸したため、前後の世代と比べて相対的に低賃金であり、またスキルの蓄積もできていない。

非正規雇用が拡大していった要因の一つに、1985年に制定された労働者派遣法がある。政府や経済界が一緒になって、労働者の賃金を低く抑え込み、若者の未来と引き換えに、企業経営が行われるようになったといってもいい。

当初、派遣労働、非正規労働は、会社に縛られない自由な生き方というメディアの無責任な喧伝とともに新しい若者像を社会に植えつけていった。07年にはテレビドラマ「ハケンの品格」がヒット。当時人気絶頂にあった篠原涼子が超有能な派遣社員を演じてポジティブなイメージに拍車をかけた。

しかし、翌08年のリーマンショックの影響によって、大規模な雇い止め（雇用契約の満了後、契約更新をしないこと）や派遣切り（派遣契約が途中で解除されること）が行われ、大きな社会問題となった。それとともに、この頃から、中年になっても低賃金のまま昇給がほとんど見込めず、いつ解雇されるかわからないような不安定な雇用状態にある非正規雇用労働

図3-3　2018年における就業状態別人口

（万人、%）

	男女計		男性		女性	
	2008年（25〜34歳）	2018年（35〜44歳）	2008年（25〜34歳）	2018年（35〜44歳）	2008年（25〜34歳）	2018年（35〜44歳）
就業者	1313	1435	768	804	546	631
自営業者・家族従業者	58	95	38	61	21	33
雇用者	1252	1332	728	738	524	594
役員	21	46	17	37	4	10
正規の職員・従業員	916	915	610	637	306	278
非正規の職員・従業員	315	371	101	65	214	307
うち不本意非正規雇用者	−	50	−	21	−	28
完全失業者	72	36	41	20	31	17
非労働力人口	282	214	37	30	245	185
うち家事、通学以外の者	34	39	22	25	12	14
非正規の職員・従業員の割合	25.6	28.8	14.2	9.3	41.2	52.5
不本意非正規雇用者の割合	−	14.1	−	35.0	−	9.6

出典:総務省統計局資料　（注）2018年は失業の結果。また、非労働力人口は、2018年から詳細集計における未活用労働を含む就業状態区分への変更に伴い、2008年と2018年では定義が異なる

者の実態が浮き彫りになっていく。

その後、派遣労働法改正なども あったが、いまだに派遣労働者の働きやすさや安定化にはつながっておらず、20年からのコロナ禍によってリストラされた非正規労働者も少なくない。

図3－3を見ると、08年から18年までの10年で、非正規の男性は１０１万人から65万人へと36万人減少しており、正規雇用者は27万人の増加で正社員化は一定程度進んだといえる。しかし、その実態は彼らの多くが20代や30代を通じて非正規の職を転々とし、30代後半などでようやく

正社員になることができた「後から正社員」である。35〜44歳男性の年間収入の平均をキャリア別に見ると、「正社員定着」（新卒）が最も年収が高く平均530・7万円であるのに対して、「他業態から正社員」は400・7万円と実に130万円もの差がある（独立行政法人労働政策研究・研修機構の「若者層の就職状況・キャリア・職業能力開発の現状」による）。これは、年齢が高いにもかかわらず新卒正社員に比べてキャリアに相当の差があるからである。しかも、正社員になれたとしても、実質的な待遇面では非正規とさほど変わらない「周辺的正社員」であることも少なくない。

一方で、女性は18年には正社員が28万人減り、非正規雇用者が307万人にも上った。男性よりも実に242万人も多い。結婚、出産などを経て、非正規で働かざるを得ない姿が浮き彫りになっている。また、非正規労働者のうち、本当は正規雇用への転換を希望している「不本意非正規雇用者」の割合は、男性35・0％、女性9・6％になった。

男性の場合には、年収が低ければ家庭を持つことが難しくなる傾向にある。内閣府が20〜39歳の未婚・既婚の男女を対象に14年度に行った「結婚・家族形成に関する意識調査」では、グループインタビューで印象的だったこととして、「特に所得の低い男性の非正規職従事者に、交際に対して消極的な態度が再三示された」と記されている。そして、

「その理由は、現在の稼得力では独力では家計を維持できず、このために結婚が維持できない」「出会いがないというよりも、出会いがあったとしてもそれを活かせる資源がない、だからあえて交際相手を探さない」ようだ、という分析結果が示されている。これらの分析は、その後はたして有効な若者支援の政策に結びついたのだろうか。

こうした若者をめぐる苦境は、婚姻数の減少や少子化となってあらわれているが、前出の井手英策教授は次のように見ている。

所得の減少やライフモデルの変化におうじて、結婚や出産が控えられていることは周知の事実であるが、くわえて平成のあいだに、持ち家をあきらめ、食べるもの、着るものを安価な商品で我慢しなければならなくなった。必死に節約を重ねて、インターネットへのアクセスを維持することで、なんとか中流に踏みとどまっていると信じたい人たちであふれた社会。それがいまの日本社会の現状、「一億総中流」の現実なのである。

直感的に言って、こうした状況では、中間層の政治的関心が低所得層に向かうはずがない。なぜなら、まず優先すべきは、どこかにいるだれかの暮らしではなく、自分

自身の生活の防衛に決まっているからである。（略）
現在の日本社会は、困っている人たちへの配慮や寛容さを失くしつつある。

（「季刊　個人金融」21年夏号）

このように困窮者への配慮や想像力が欠けていき、日本社会の分断が深刻になるなかで、私たちは日々暮らしていることを自覚しておきたい。これをどう解消すればよいのか、一つの方法として井手氏は「ベーシックサービス」（第2章61ページ）を提唱している。

避けられない低年金

厚生年金の平均的な受給額は約22万円といわれているが、これは妻が専業主婦の夫婦世帯であり、40年間厚生年金保険料を払い続けたという設定のモデルケースである。単身の場合には15万円前後となるが、40年間、厚生年金に加入し続けられる人は、氷河期世代にどれほどいるだろうか。当然ながら、氷河期出身の私自身、すでに厚生年金に40年間加入できる見込みはない。学生期間やアルバイト期間が長く、国民年金のみである期間も長い。拙著『下流老人』を世に出しながら、自分自身の問題として取り組んでいる理由でもある。

氷河期世代の場合、「後から正社員」になったとしても、厚生年金受給額は報酬額や加入期間によって違うため、月15万円の年金額には程遠いと予想される。非正規雇用であれば国民年金しか加入できない人は多く、しかも、日々のやりくりに追われて国民年金保険料を納めることができずにいる人も多い。

厚生労働省による「国民年金被保険者実態調査」によると、05年では若年世代の滞納者（1号期間滞納者）がトータルで259万8000人（20〜34歳の合計）と非常に多く、この世代の総数（815万人）との比較で31・8％にも上るのに対し、20年では77万6000人に減り、14・8％にとどまった。

一方、所得が低いなどの理由で保険料の納付を全額免除された人は05年と比較すると、20年には中年世代にいくに従い増えていることがわかる。これは、中年になるにつれて老後を意識するようになったものの、現実には保険料を支払う余裕がないため、免除を申請したことが窺える（図3－4）。

国民年金には、保険料を納めることが経済的に困難な人のための「保険料免除制度」がある。申請が必要だが、承認されれば一部または全額免除になる。ただし、減免された期間については、減免割合に応じて将来の年金も減額される。

図3-4（A） 年齢階級別国民年金保険料納付状況（2005年）

（単位:千人）

	総数	納付者	完納者	一部納付者	1号期間滞納者	申請全額免除者	学生納付特例者
総数	18,963	10,959	8,977	1,982	4,819	1,768	1,418
20～24歳	3,870	1,291	981	310	**1,071**	157	1,351
25～29歳	2,178	1,108	829	279	**827**	191	53
30～34歳	2,102	1,154	902	252	**700**	238	9
35～39歳	1,811	1,022	818	204	559	227	3
40～44歳	1,560	975	798	177	390	194	1
45～49歳	1,648	1,110	920	190	349	189	0
50～54歳	2,368	1,667	1,408	259	448	253	0
55～59歳	3,425	2,632	2,321	311	475	318	0

図3-4（B） 年齢階級別国民年金保険料納付状況（2020年）

（単位:千人）

	総数	納付者	完納者	一部納付者	1号期間滞納者	申請全額免除者	学生納付特例者	納付猶予者
総数	12,384	6,050	4,922	1,129	1,931	2,062	1,779	561
20～24歳	3,155	773	643	130	**361**	139	1,699	183
25～29歳	1,050	439	318	121	**216**	180	61	154
30～34歳	1,025	503	381	122	**199**	209	10	105
35～39歳	1,168	645	509	136	213	250	5	55
40～44歳	1,315	772	627	145	221	284	2	35
45～49歳	1,577	934	765	169	265	348	1	28
50～54歳	1,486	909	750	159	249	327	0	—
55～59歳	1,607	1,077	930	147	206	324	0	—

出典：厚生労働省

以上のことを考えると、氷河期世代は、将来受け取れる年金額では老後生活を支えることができそうもない。

繰り返しになるが、年金受給額が将来的に目減りしていくであろうことは、19年の財政検証で明らかになっている。医療保険料や介護保険料、さらには消費税も上がっていく可能性もある。また、国民年金受給に必要な保険料の払込期間が10年に満たない場合には無年金となる。第1章では70歳以上でも3割強が働かざるを得ない実状を紹介したが、このままでは氷河期世代の低年金者、無年金者は膨大になり、老後の貧困がさらに深刻化するのは間違いない。

リクルートワークス研究所の坂本貴志研究員は著書『統計で考える働き方の未来　〜高齢者が働き続ける国へ』の中で、次のように述べている。

政府は働きたい高齢者が働ける環境を整えることをスローガンとして高齢者政策を進めている。しかし、「働きたい人が働く」という言葉は、未来の高齢者を取り巻く環境を表現する言葉としては明らかに誤っている。未来の私たちは働きたいから働くのではなく、働かざるを得ないから働くのである。

現役時代に得た賃金は税や社会保障の負担増で削減され、退職金も減少するなか、定年時に貯蓄として残る部分はほとんどなくなってしまう。寿命はさらに延伸し、老後の生活が長期化するにもかかわらず、将来の年金の支給額は現在の水準から減少すると見込まれる。

未婚の非正規雇用者など、現代社会に取り残されてしまった人たちもやがては年老いていく。こうした人たちにとっては、さらに状況は厳しいものになるだろう。（略）『定年後』を著した楠木新は、60歳から74歳までの期間を黄金の15年間と呼んだ。これは言い得て妙である。全国就業実態パネル調査を用いて日本に住む人の生活の満足度を年齢別に算出してみると、まさに60歳以降に急速に生活に対する満足度が上昇していく。

長年の苦役から解放されて、ようやく自分の時間を謳歌できる。これまでの日本人は、人生の終盤に黄金の15年間といわれる豊かな時間をすごしてきたのだ。

しかし、私たちが高齢者になるときには、もはやこの黄金の15年間は存在しない。これが間違いなく訪れる日本人の働き方の未来である。働く意欲がある人が働ける世の中を実現する、こうした言葉はまやかしだ。高齢者雇用の未来の姿は、このような

言葉で表現される美しい世界ではないのだ。（傍線筆者）

現在の高齢者が送っている悠々自適な老後を、未来の高齢者が送ることはもはやないのである。

（坂本貴志『統計で考える働き方の未来』ちくま新書）

老齢になって無年金や低年金で、さらに働くことができなくなれば、生活保護を受給するしかなくなる。「週刊ダイヤモンド」（18年4月7日号）の特集『新・階級社会』では、氷河期世代の潜在的老後生活保護受給者の数をシミュレーションしている。氷河期世代（17年時点で35～44歳の年齢層を想定）の非正規雇用者369万人（男性93万人、女性276万人）、無業者337万人（男性61万人、女性276万人）のうち配偶者の有無や国民年金の未納者などを加味すると、老後を生活保護に頼らざるを得ない人は147万1000人（男性63万3000人、女性83万8000人）になるという。

『PLAN 75』が予見する未来

老後に対する私たちの底知れぬ不安を見透かしたような邦画がある。22年5月、第75回カンヌ国際映画祭「ある視点」部門でカメラ・ドール特別表彰の快挙を達成、6月から全国上映された『PLAN 75』という作品だ。

超高齢社会が一層進んだ近未来の日本では、75歳以上の高齢者に対して自らの生死の選択権を与える制度「PLAN 75」が施行されるという設定で、その制度に奔走される人々を描いている。主人公は倍賞千恵子が演じる78歳の女性。ある日、高齢を理由にホテルの客室清掃の仕事を突然解雇される。住む場所をも失いそうになった彼女は、この制度の申請を検討し始める。もちろん、これは架空の制度ではあるが、78歳になっても働かざるを得ない現状、いとも簡単に解雇される不安定な身分といった、これからの高齢者を取り巻く状況を暗示しているようにも思われ、身につまされる。

一部世論では「安楽死制度」の導入を求める声もある。高齢期の貧困が広がれば、安易な生命の選択、あるいは自己決定・自己選択を強調して、本人が積極的に望んだ「死」として誘導していく意見も生まれてくるだろう。社会全体で見れば、医学的、経済的に十分支えられるにもかかわらず。

昔は貧しさや飢饉などのため、生まれた子どもを育てられないので、生後間もなく殺害した「間引き」や、口減らしを目的に老親の扶養を放棄する「姥捨て」が行われた。社会保障制度が整えられてきた現代日本で、安楽死という名の「現代版姥捨て論」が生まれて

図3-5　2020年と2040年の人口ピラミッド

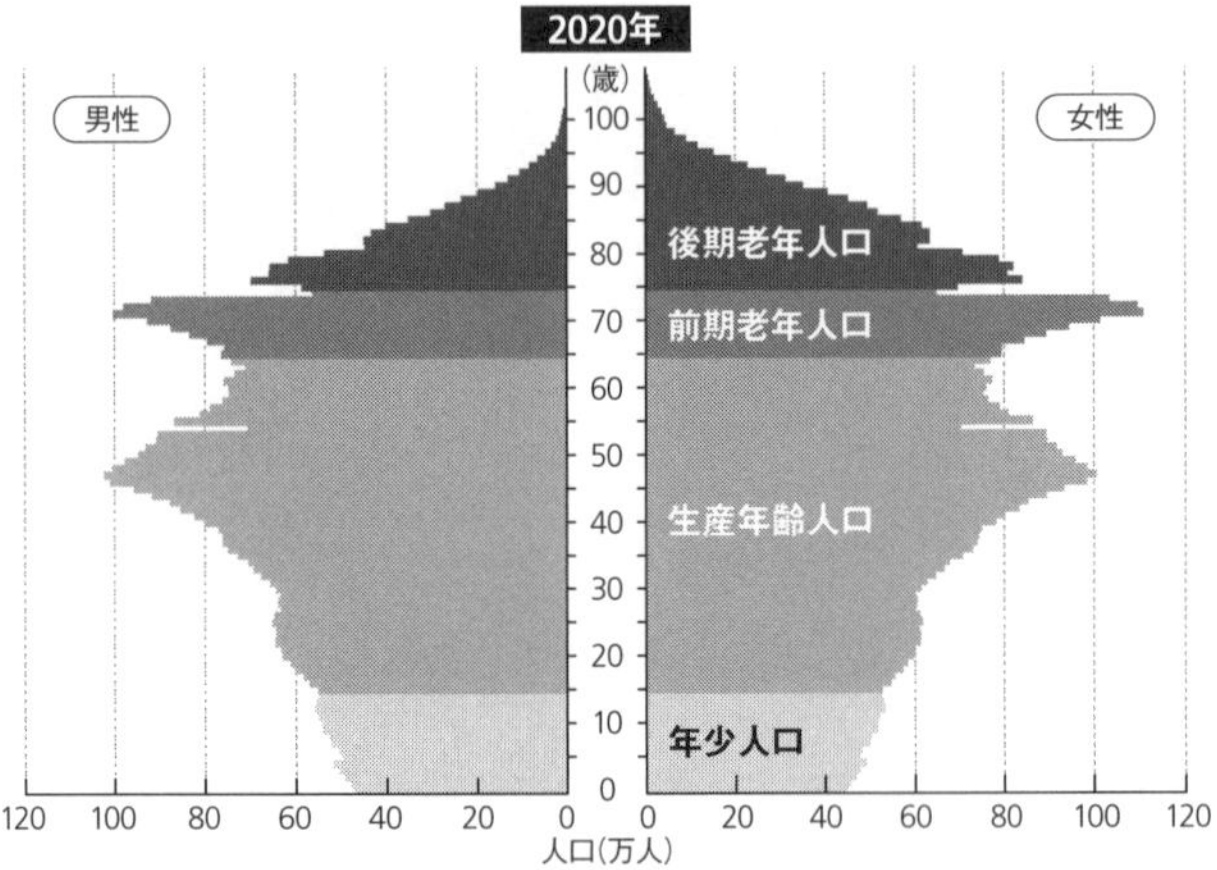

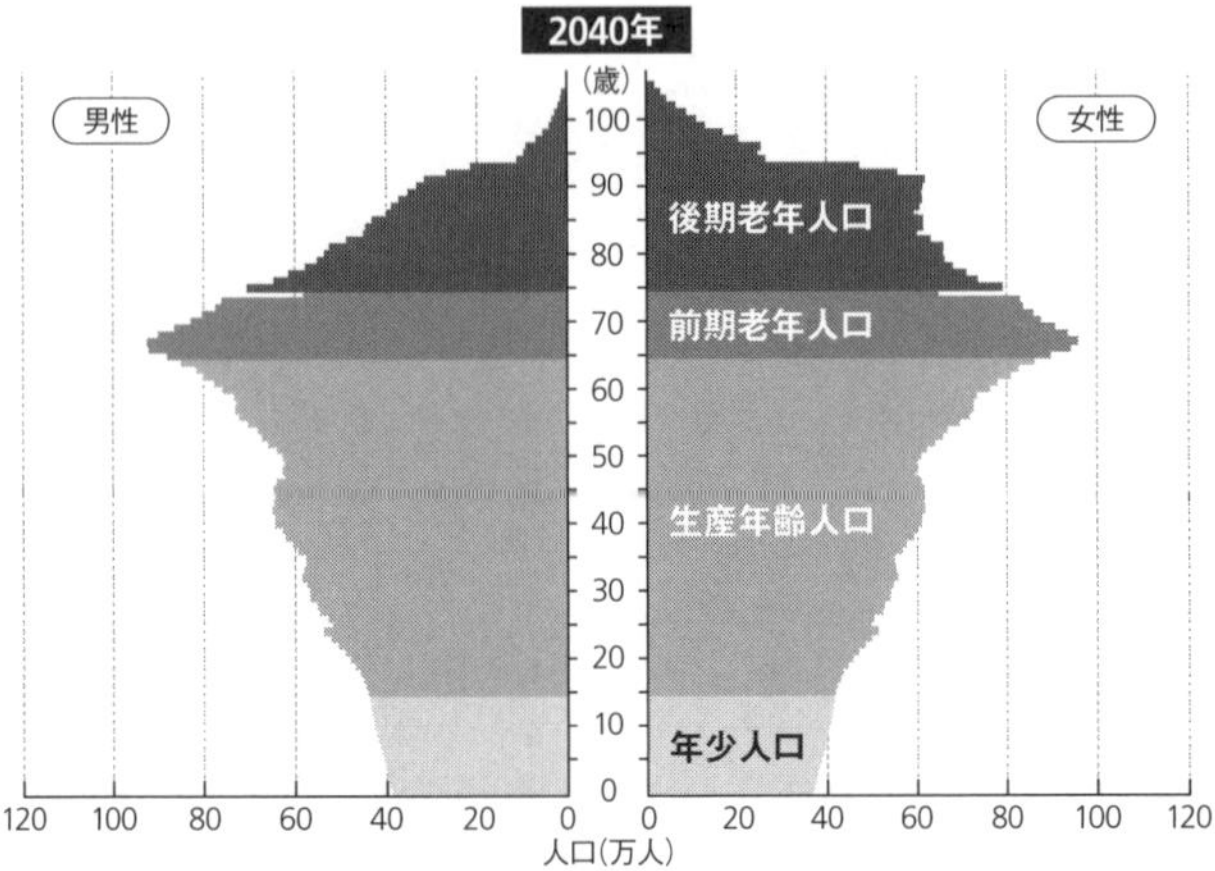

出典:総務省統計局『国勢調査』及び『日本の将来推計人口(平成29年推計)』出生中位・死亡中位推計から作成　※2020年以降は『日本の将来推計人口(平成29年推計)』(出生中位・死亡中位推計)による

きかねない未来に不安を感じざるを得ない。

71年生まれの団塊ジュニアは、2036年に65歳になる。我が国の人口ピラミッドを見ると、2020年は団塊世代と団塊ジュニアの人口が突出した「ひょうたん型」(図3-5・上)だが、2040年の予測図になると、高齢者の人口が若年層を上回る「棺桶型」になる(図3-5・下)。棺桶といっても、肩の部分が広く下に行くほど狭くなる洋式の棺桶のことで、世界から注目を集める特異な人口ピラミッドになっている。このような状態になれば、高齢者を間引きたいという発想が生まれるのもあり得ないことでもなく、背筋が寒くなる。

正規雇用の促進より生活保障対策を

19年、政府は650億円超の予算を投じて、「就職氷河期世代支援プログラム」を20年4月から3年間、集中的に取り組むことを決めた。ハローワークに就職氷河期世代を対象とした専門窓口を創設、氷河期世代に特化した「特定求職者雇用開発助成金」の創設、国家公務員・地方公務員の中途採用の促進などを行い、30万人を正規雇用に転換することを目標としている。

とはいえ、遅きに失した感は否めない。政府はわざわざ「人生再設計第一世代」という呼び名をつくり、氷河期世代の呼び方を変えようとしている。ちなみに、人生再設計第一世代というネーミングに対しての評判は総じてよくない。氷河期世代の作家、平野啓一郎氏はこの言い換えに憤慨を表明している。現実として、呼び換えたからといって何が変わるわけでもない。この世代の中でも先に生まれた団塊ジュニアはすでに50歳を迎えているのだ。

22年、新型コロナウイルス流行の影響を受けて正規雇用者数が伸び悩んだことから、支援を2年間延長して24年度まで実施することが決まった。しかし、正規雇用者が伸び悩んだのは、コロナ禍のせいだけではないだろう。

政府の基本方針は、より多くの氷河期世代を正社員化することであり、企業には助成金をつけることで正社員として採用してもらおうとしている。すでに人件費を抑えるシステムが構築されている経済界は、正社員として雇用した場合の助成金を少しばかりもらえるくらいで人件費を自発的に引き上げるだろうか。

ましてや、産業によってはＡＩ化、オートメーション化が盛んに議論されており、機械やロボットが人間の労働を代替するように改革を進めている。一部では「ポスト労働」と

2019年、兵庫県宝塚市は「就職氷河期世代」を対象として正規職員（3人程度）を募集したところ、全国から1816人が応募した（写真提供：朝日新聞社）

も呼ばれ、人間の働き手が必要とされない時代へ変えていこうと模索が続いている。

就労支援と企業に対する助成などを柱とした国の支援策は過去に何度も繰り返されてきたが、大した効果を上げることができなかった。「就職氷河期世代支援プログラム」は、それらに少し手を加えた程度のものにすぎない。しかも対象となる氷河期世代は、企業側の論理からすれば、ニートや非正規社員というお世辞にも「生産性が高く」は見えない人たちだ。

いまだに企業の好意をアテにし、助成金をちらつかせながら企業に「お願い」する政府には、氷河期問題の解決は望めそうもない。この世代を救済するにはいまとなってはあまりに多くの困難が伴い、特に就労や資格取得の面からサポートをするには完全にタイミングを逸してしまっている。現在の雇用環境では、非正規から正社員に転用させたところで、周辺的正社員として都合よく使われるリスクが高い。

だが、棄民世代は生きていかなければいけない。彼らがいま必要としているのは、今後20年か30年を生きていくための対策だ。働くための条件付き支援ではなく、生存を保障する支援でなければならない。年金制度を筆頭に、日本のシステムは家族主義や勤労と貯蓄を基盤につくられてきていた。しかし、ケア責任を家族に押しつける家族主義はもはや壊れかけているし、適切でもない。日本は家族以外の福祉や社会保障などのセーフティーネットが極めて弱い状況だ。国に対しては、氷河期世代が生きていくための支援策を提案したい。

まずは、正規と非正規に関係なく、生活に必要な最低限の給与（リビングウェイジ）が必要だ。東京都の最低賃金は、22年10月から、31円上がって１０７２円になった。最低賃金が引き上げられると、それが事実上の昇給だという労働者も多い。全労連や全労協が全国一律１５００円への引き上げを求める運動を行っている。最低賃金を上げると雇用が失われるという議論がしばしばされるが、消費者である労働者の購買力を上げることで地域経

新しい最低賃金について啓発を促すポスター。22年10月から神奈川県の最低賃金も31円上がった

済をまわすことにつながる。

　給与を上げるという解決策がどうしてもむずかしいのであれば、各人の生活における支出を下げる仕組みをつくるほうが簡単ではないだろうか。

　たとえば、正社員だけを対象にしていた社宅や住宅手当を非正規従業員にも付与した企業を助成する。特に都市部での住宅費用負担は深刻で、その支出部分を減らすことは生きやすさに直結する。欧州各国では低賃金労働者に低廉な住宅を提供した場合には、それと引き換えに固定資産税の一部を減免するなどの方策が広く行われている。

住宅対策としては、空き家などに数人が住むシェアハウス的な集住の形式を政府主導で促進し、家賃負担を政策的に下げてはどうだろう。これによって、世帯形成が困難だった棄民世代が家族という形態に頼らずとも支え合って暮らしていくことが、部分的にはできるようになるはずだ。

そのほかにも、世界的に突出してまだまだ高い携帯電話料金の引き下げなど、固定費を引き下げる政策や補助項目を増やすことで比較的低い収入でも生活が可能になっていくのではないだろうか。

これらはほんの一例ではあるが、正規雇用の促進よりも、ベーシックサービスを中心とした生活保障対策のほうが現実的だと考える。

第4章 賃労働だけが労働か

あくせく働くことは美徳か

「自分で稼がなければいけない」という考え方は、多くの日本人が抱いている価値観だろう。「勤勉に働く者が報われる」という、勤労を美徳とする精神はしっかり身に染み付いているように見えるが、こうした勤労観はいつの時代から育まれてきたのだろうか。

現行憲法には「すべて国民は、勤労の権利を有し、義務を負う（27条1項）」という条項が入っている。義務といっても、国が国民を強制労働させる権利を持つわけではないし、逆に働いていないからといって罰せられるわけでもない。つまり、これは倫理的な規定とされている。

一方で、勤労を怠って転落した者は「自業自得」と見なされ、貧困もまた「日頃の行いや努力が足りないせい」と自己責任論で捉えられる傾向は根強い。それゆえに生活保護利用者に対して、勤労義務を果たしていない者が権利主張するな、と嫌悪する意見も散見される。

私は、この賃労働に依存する社会のあり方にそもそも疑問を抱いている。あまりに当たり前の価値観なので、「頑張ってお金を稼ぐのって、良いことじゃないの？」と疑問に思う人もいるだろう。本来、進路選択が自由なはずの大学生も入学時からすでに就労先を検討し、賃労働以外の選択肢を異端視する有り様だ。しかし、この考え方は意図的に「労働者化」を促してきた近代的価値規範であり、海外に目を向ければ、それが当たり前でない国も少なくない。

たとえば、フランス人はバカンスという名の長期休暇をとる。それぞれが家族と共にゆったりと過ごし、賃労働に従事しつつも、日本の労働者とは一線を画した日常を楽しむ。フランスでは、1936年に年2週間の有給休暇を保証するマティニョン法（通称：バカンス法）が制定され、1982年には、現在の水準である年5週間の有給休暇が付与されるようになった。社員に有給を取得させない会社は違法なので、有給休暇の取得率はほぼ100％である。また、フランスは社会保障が手厚く、働けなくなってもすぐに困るということはない。労働者たちが長年の労働運動で勝ち取ってきた権利が制度、規範として根ざす社会といえる。

日本ではいまでこそ「ワークライフバランス」が叫ばれているが、近年でも有給取得率は40～60％程度と国際的には低水準だ。

これには、日本の労働者の頭の中に勤労至上主義的な考え方が深く根を張っていて、「仕事せざるを得ないから休めない」「周りは休んでいないのに自分だけ休めない」といった強迫観念や同調圧力が、常に渦巻いていることが挙げられるだろう。そうした思考の延長上に、十分な貯蓄があり、ゆったりした余生が過ごせるのにもかかわらず、不安に駆られて労働に従事する高齢者もいる。

自力で賃金を得る一方で、政府による社会保障システムには極力頼らない（頼れない）道を選んでしまっている。社会保障は脆弱なまま改良されず、あくせく働かないと、生活が維持できなくなっているのだ。

近年は働き方改革などもあり、昔に比べると残業は減ってきた印象もある。また、フリーランスなど働き方の多様化も進んでいる。日本では大学生が一斉に就職活動をして、卒業したら新卒として働くのが一般的だが、そのレールから外れる生き方をしても、別に悪いことではない。ＮＰＯを立ち上げてもいいし、社会活動に励んでもいいし、研究に没頭してもいい。本来、いろいろ生き方があるはずなのに、いまだに一律的で過剰な労働に駆り立てられている人は少なくない。

それゆえに自由な生き方が束縛され、社会保障も推進されず、相互監視をし、自分たちで自ら窮屈な環境をつくり上げている。私たちは、自分たちで首を絞め合っているのではないか。

「食べるために働く」以上の意義へ

このように書くと、労働を否定的に捉えていると思われるかもしれない。しかし、私は好んで福祉の仕事をしているし、生活保護申請者のもとに一刻も早く保護費が渡されるよう汗をかくことを厭わない。苦役だと思うことは稀だ。

私を含め、多くの人が自発的に働くのはなぜだろうか。

自分の生活や家族を支えるため、自分の思いを社会でかなえるため、自己実現のためなどさまざまにあるだろうが、福祉の場合、「そこに支援を求めている人々がいるから」という要素は大きい。先人も含め、いろいろ人々の仕事によって成り立っているこの世界の底が抜けないよう、壊れすぎないよう福祉を武器に闘っている（働いている）といえるかもしれない。

その仕事を好むと好まざるとにかかわらず、個々の仕事は他者からのニーズによって成り立っている。仕事というものはすべて社会への参画を伴い、個人の承認欲求を満たすこともあるが、一方でそれがときに苦しくなってしまうことがあるのはどうしてだろうか。

そんなことを考えているときに、エコノミストとして知られる浜矩子氏の次のような興味深い論考を目にした。

今、労働観の歴史的変遷について勉強している。「21世紀の労働」のあり方がどうあるべきか、見極めたいと考えているからだ。（中略）

端的にいえば、人々の労働観はそれを苦痛の塊とみなす受け止め方と、それを歓喜の泉と捉える考え方の間を揺れてきた。古代ギリシャのポリス社会において、労働の労は労苦の労だった。魂の自由を得るには、高等ポリス市民は労働を敬して遠ざけ、余暇を謳歌し、その中で深淵な観想に浸るべし。労働は奴隷と下等市民に任せておけばよろしい。これが当時の常識だった。

次に到来した初代キリスト教会の時代においても、労働は歓喜の泉とはみなされなかった。だが、その労苦に甘んじることを、神様は良しとされると考えられた。続く中世においては、「労働の中の観想」を信仰生活の軸とする修道院の姿が、俗世においても労働との向き合い方の基本となった。

そして近代に入ると、経済学の生みの親であるアダム・スミスが労働は労苦だとし、それに人々が前向きに取り組むには高賃金が必要だと論じた。これに対して、カール・マルクスはまともな環境の下で行われる労働は人間にとって喜びであるはずだと言った。そこに向けて、資本主義的搾取から労働を解放すべし、と説いた。

今の日本の「21世紀の労働」は低賃金に甘んじている。それなのに、労働を労苦と思わず、そこに自己実現と承認欲求の充足を見いだして喜べ、と言われている。そのようなアドバイスがネット上に溢れている。この状態から、日本の「21世紀の労働」を解放しなければならない。

（「AERA」22年9月5日号「eyes」）

労働を苦とみるか、喜びとみるかの間で揺れ続けてきたというのは、まさに個人の感覚の中でも、仕事がときに楽しく、ときに苦しくなることを思い出してみてもわかるのではないだろうか。

さらに、マルクスは否定的な労働観をもっていたのではないか、と思われることもあるが、労働は「まともな環境下」で行われるならば、本来は「食べるために働く」以上の豊潤な意義をもつ、人間にとって本質的な営みだと肯定的に捉えていた。

理想論かもしれないが、ここには仕事本来の意義づけや働く喜びを取り戻すためのヒントが隠されている。

コロナ禍で注目されたエッセンシャルワークは、「社会に不可欠な現業職」と捉え直せるが、ここに仕事の喜びを見いだすことは、老年になってこそ可能になるという見方もできるのではないか。本来、人間は生きているだけで価値ある存在だが、さらに労働によって他者に喜びや価値を提供できれば、人生の充実感も高まるだろう。

賃労働社会から外れた生き方を歩む

ここで私の父を例に出したい。

父は1957年生まれで、高校卒業後はアルバイトから正社員になり、埼玉に一戸建てを建てたという〝叩き上げ〟だ。私が生まれたのは1982年なので、働き盛りは1980年代後半から90年代にかけて「24時間戦えますか」というCMが流れていた頃の時代だ。休みはきちんと取るほうではあったが、それでも職種がサービス業だったので、土日出勤は当たり前。お盆や正月、クリスマスなど、家族が集まるときにも不在で、夜遅く帰ってくるのが日常だった。

子どもの頃、父と過ごすことはあまり多くなかったが、それでも休日にはいろいろな場所に連れて行ってくれた。おそらく当時、首都圏近郊の勤労世帯の多くはこんな感じだったのかもしれない。

「仕事と同等にプライベートも大事」という考え方が出てきたのはつい最近のことで、

それまでは、滅私奉公とまではいわずとも、会社に尽くすのが当たり前という認識だった。大事なのは会社での出世であり、ある程度の地位を得るためには、上司のいうことを聞かなければならなかった。日々ノルマに追われ、その中で悪戦苦闘する状況においては、家族に目を向ける余裕もない。いつしか家庭内での存在は希薄になり、会社を定年退職すると、居場所がなくなってしまう——。これが、従来の日本型サラリーマンの典型とされてきた。

ある環境に合うように、自分の行動や考え方を必要以上に変えてしまうことを、精神医学では「過剰適応」という。日本型サラリーマン社会では、多くの人が会社や仕事に〝過剰に適応〟し、生きてきたのである。

こうした中でも、私の父は家族サービスなど、いろいろと頑張ってくれた。埼玉に買った一戸建ては35年ローン、利息まで含めると5000万円以上という代物で、自宅のため、家族のために、せっせと働いた。今日の私があるのも、そうした父のがんばりのおかげなのだと、いまになって強く感じている。

一方で、「サラリーマン生活って何だろうな」「労働とは何だろうか」という思いは、子どもの頃からずっと抱いていた。埼玉に家を買ったにもかかわらず、「来月から長野に転勤た」といわれ、泣く泣く単身赴任するとか、腰痛でも入退院をしながら頑張って出社したのに、何の労いの言葉もなかった、とか。会社に不満があったものの、それでも我慢する姿を幼少期から見ていて、「無理しながら働いているな」と子ども心に思っていた。

そんな父の姿を見て育ったため、サラリーマンとして、どこかの企業に勤めて、生涯そこで働くという考えは、自分の頭の中には最初からなかった。いまでこそ週休3日の議論が出てきているが、父のように朝から晩まで懸命に働き、そうしないと「普通に」暮らしていけない、子どもに十分な教育環境を与えられない、という社会モデルには、疑念を抱き続けてきた。

我慢して、会社や仕事に過剰適応しながら頑張る人がいる一方で、そこから外れてしまう人が出てきても当然だ。そう思ったことがきっかけでホームレスや生活保護など、貧困問題に取り組むようになり、「どうすれば、人間が本当の意味で楽しく暮らせるのか、生存権が保障される社会にできるのか」を日々模索し続けている。

頑張って働き続けた父は、60歳を過ぎて役員として残ることもなく、早期退職し、新たな人生を歩み始めた。一番の変化は、家族との時間が格段に増えたということ。コミュニケーションを密に取るようになり、LINEもたくさん送ってくるようになった。料理や畑作業を始めたほか、近隣の高齢者の生活支援をし、政治にも関心をもっている。

働いていたときは家と会社の行き来がほとんどで、「近所の◯◯さんが病気らしいよ」という話題にも、ほとんど無関心だった。しかし、今はそういう近所の事情もよく把握しており、近隣の清掃活動に励むなど、それまで希薄だった地域との関わりも増えている。お隣さんが釣ってきた魚をもらったり、自らの菜園でとれた野菜をお裾分けしたり、企業社会にはなかったコミュニケーションを楽しんでいるようだ。

いまのところ、父は企業社会から地域社会にうまくシフトできているようだ。上場企業のサラリーマンだったので、退職金も支払われ、年金もそれなりに出ているようだ。それでも「少ない」とボヤいているが、仮に年金で生活費が賄えないとしたら、父はどうしていただろうか。それこそ早期退職などせず、我慢していまも働き続けていたのではないだろうか。周りに目を向ければ、リタイアする年代になったにもかかわらず、経済的事情で働かざるを得ない状況にある人は、とても多いのだ。

老年期は「喪失の時代」であり、さまざまなものを少しずつ失っていく。体力や脳も衰えるし、仕事も徐々に減っていく。そして、同世代の友人も亡くなっていく。

しかし、尊厳ある生き方を送るうえでは、シニア期の新しい役割に価値を見出し、失っていくものに未練を抱かないことも必要になってくるだろう。仕事一辺倒だった人が、次は地域や社会にどう貢献し、知見を還元していくのか。自治会で役割を担うとか、農作業に従事するとか、ボランティアを通じて地域と接するとか、老年期だからこそ取り組める仕事に精力を注ぐことが、リタイア後に求められる生き方なのではないかと考える。

現役世代は長時間、そして超過重労働で、どうしても地域に関心を向ける余裕がない。そこで、リタイア後の高齢者世代がそれを補うことで、社会は円滑にまわっていくのではないだろうか。

フランスの作家で哲学者のシモーヌ・ド・ボーヴォワールは、著書『老い』において、老いた人間を厄介者にして廃物扱いすることを「文明のスキャンダル」であると捉えた。「歴史も社会も個人も、老いをネガティブに扱ってきた」と、人々の老いに対する認識を鋭く批判している。

いわれてみれば、社会が高齢者を低く見積もっていると思われる場面はいくつもある。体力や認知機能が失われていくなかで、何らかの役割を担うことができればいいのだが、それすらも失ったときに、「それでも、生きていていいんだよ」という最低限の尊厳は守られなければならない。

そういった点からも、憲法における生存権（憲法25条の「すべて国民は、健康で文化的な最低限度の生活を営む権利を有する。国は、すべての生活部面について、社会福祉、社会保障及び公衆衛生の向上及び増進に努めなければならない」）はとても大事で、「何もできないのは価値がない」ではなく、生きているだけで価値があるということを広く認知させ、具体的に保障する必要がある。この保障とは、すなわち「最後のセーフティーネット」と呼ばれる生活保護や私も提唱している最低保障年金（部分的ベーシックインカム）であり、これらが健全に機能する社会にしたい。

エッセンシャルワーク領域で高齢者は輝ける

賃労働から解放され、高齢になっても尊厳を失わない生き方、働き方として、父の例を出したが、現実的には各個人の置かれた状況は違うため、なかなか難しい面もある。

高齢者の仕事については『下流老人』の続編である『続・下流老人』でも述べているが、低賃金できつい仕事が多いという問題がある。多くの高齢者は人生経験やキャリアを積み重ねているので、本来はそれを活かせる場があればいいのだが……。

コロナ禍において、医療や福祉、教育などに従事する人は、「エッセンシャルワーカー」という呼び方がされ、多くの人の感謝を受けるところとなった。エッセンシャル（essential）とは「必要不可欠な」「本質的な」という意味で、ワーカーの職種としては具体的にスーパーやコンビニエンスストアの店員、医師や看護師、介護福祉士、教員、保育士、市区町村の役所職員、警察官や消防士、バスの運転手や電車の運転士、郵便配達員、トラック運転手、ごみ収集員、農林水産業など1次産業への従事者など多岐にわたる。

エッセンシャルワーカーは社会で必要不可欠なライフラインを担っているが、こういった職の多くは低賃金だ。しかも、賃金や処遇が上がらない非正規雇用であることも多く、感染リスクが高い接触型業務である場合も多い。コロナ禍に開いた相談会でも、エッセンシャルワークに従事する女性非正規労働者からの相談が多かった。

一方で、「クソどうでもいい仕事」と訳される「ブルシット・ジョブ」と呼ばれる仕事が現代には数多くある。衣食住の欠乏から解放され、豊かさゆえに無駄な仕事ばかりが増えている。ニューヨーク生まれの文化人類学者で、ロンドン・スクール・オブ・エコノミックス人類学教授のデヴィッド・グレーバー氏の造語で、具体的には人材コンサルタント、企業コンプライアンス担当者、広告マーケティング専門家などの仕事を指す。

グレーバー氏は著書『ブルシット・ジョブ　クソどうでもいい仕事の理論』において、「あってもなくてもかまわないほど無意味、本人もそう感じているが、さもなくてはならないように取り繕わなければいけない仕事」と定義している。ところが、こうした仕事ほど高賃金という矛盾が生じている。どうしてだろうか。

「職業に貴賤なし」とはいえども、私たちの日常に欠かせないエッセンシャルワークは貴ぶべき職である。エッセンシャルワーカーがいるからこそ社会が回っているので、こうした領域の仕事にもっと価値を置くべきではないだろうか。

しかし、労働の対価としての報酬という面から考えると、ブルシット・ジョブとエッセンシャルワークは一方が不当な程高く、一方が不当な程低い。『ブルシット・ジョブ』を翻訳した酒井隆史氏は、その著書の中で次のように述べる。

社会的価値に乏しければ乏しいほど、実入りはよくなり（市場価値は上がり）、社会的価値に富んでいれば富んでいるほど、実入りは悪くなる（市場価値は下がる）。要するに、だれかがきつくて骨の折れる仕事をしているとすれば、その仕事は、世の中の役に立っている可能性が高い。つまり、だれかの仕事が他者に寄与するものであるほど、当人に支払われるものはより少なくなる傾向にあり、その意味においても、よりきつい仕事となっていく傾向にある。（酒井隆史『ブルシット・ジョブの謎』講談社現代新書）

ブルシット・ジョブとエッセンシャルワークでは、なぜか社会的価値と市場価値が倒錯し、反比例するが、現実にはこの状況がさしておかしくないとも思われている。古い話になるが、戦後の福祉政策に強い影響を与えた大河内一男東京大学教授らマルクス経済学者たちは、こうした状況を懸念して、社会政策、公共政策の意義を強調した。

先にもエッセンシャルワークとは、社会に不可欠な現業職だと述べたが、これら公共性の高い仕事を社会的価値とともにその市場価値（報酬）をも高めていくためには、どうしたらいいのだろうか。

私は第一線を退いた高齢者世代は、率先して現代に求められるエッセンシャルワーク領域での役割を担い、社会に貢献できる喜びを感じて働いてほしいと思っている。そのためには、エッセンシャルワークに従事したい、魅力的だと思える社会の価値観を醸成していく必要がある。

高齢者世代が社会基盤を支えるエッセンシャルワーク領域を担うことは、誇りをもてるという意味でも、とても素晴らしいことだ。ただし、こうした取り組みは最近できたものでなく、昔から存在してきた。

たとえば、民生委員、児童委員、保護司などの地域活動は戦前から続く伝統的な仕事だ。現代でも小学生の登・下校時に交通量の多い場所で旗振り誘導や通学路での見守り活動を行うこと、これも立派なエッセンシャルワークの一つだろう。最近では子育て世帯の食事を助ける「子ども食堂」も広がっており、この運営ボランティアもエッセンシャルな役割を担う。社会貢献を行うNPO法人の職員も現代的なエッセンシャル業務に従事しているといえるだろう。このように時代の変化に合わせて、制度化したり、NPO法人化したり、エッセンシャルな領域も不変ではなく変わり続ける。しかし、こうした小さな社会貢献を「取るに足らない仕事」とみる傾向は根強くある。

日本において取るに足らない、どころか、なされて当然の仕事と思われてきたものの代表格は、家事労働や介護、ケアに関するものだろう。そもそも介護やケアにかかわる仕事は、それ自体が報いであり、無償であるのが当然といった風潮があったとはいえないだろうか。日本ではとくにケアは家庭の中で抱え込まれる無償の仕事（アンペイドワーク）であった。

無償というのは、「何事もカネ次第」と商品化される世の中で、商品化されていないという意味においては貴重ではあるが、何をどの程度商品化して、何を商品化すべきでないかはよくよく吟味される必要があるだろう。

子ども食堂を支える高齢者ボランティア

昨今はすぐに怒りを爆発させる「キレる老人」や、高齢ドライバーによる交通事故など、高齢者に関するネガティブな言葉やニュースが世を賑わせることも多い。

しかし、地域で本当に必要とされている役割を高齢者が担ってくれれば、そうした見方も変わってくるはずだ。また、必要とされる存在だと実感することで、高齢者側もモチベーションが高まるのではないだろうか。

無料もしくは安価で子どもたちに食事を提供する「子ども食堂」では、高齢者の人たちが生き生きと張り切って料理の腕前を振るい、食事提供しているケースがある。本人たちが地域のことを真剣に考えて、「子どもたちを助けてあげたい」と思うようになり、それを支援する人たちとマッチングすることで実現している。

現在の子育て世帯は夫婦共働きが多く、子どもたちの孤食やコンビニ食が問題になっている。そこで、近隣のおじさん、おばさんと一緒に食事をする場として生まれたのが子ども食堂である。親子で参加する場合もある。

運営は地域の住民や市民団体に頼る部分が多いが、それでも、食堂数は増加の一途をたどっている。2018年には全国で2286か所だったが、21年には、約6000か所にまで増えているという（NPO法人「全国こども食堂支援センター・むすびえ」調べ）。

ただし、子ども食堂が貧困問題の抜本的な解決となるわけではなく、こうした子どもの貧困は、政府や自治体など行政が乗り出して、経済的、人的に支援して改善すべき問題であることに変わりはない。

子ども食堂自体の認知度は高まっており、新しい民生活動、福祉活動として、今後も増加が予想される。とはいえ、子ども食堂はボランティア活動の一環なので、基本的には賃金が発生しない。そのため、スタッフや資金が満足に確保できず、閉鎖した食堂も少なくない。クラウドファンディングで寄付を募るなど、さまざまな努力を重ねながら取り組んではいるが、期待されるのが、高齢者世代のボランティア参加だ。

高齢者らの介護施設で、子ども食堂を開く取り組みが広がりつつあるという。「東京新聞」、20年1月29日の記事から紹介しよう。

「かわいいねえ。よく来たねえ」

名古屋市中川区の高齢者向けデイサービスセンターで（20年1月）19日に開かれた子ども食堂。午前11時の開店と同時に続々と集まってきた親子連れに、デイサービスなどを利用するお年寄りたちが声をかけた。この日のメニューはきしめんとコロッケ。子どもは無料、大人は300円で、約30組の親子が訪れた。

子ども食堂は、施設を運営する社会福祉法人「フラワー園」が2018年9月に開始。16年に成立した改正社会福祉法で社会福祉法人の地域貢献が義務付けられたことを受け、毎月一回開いている。

食事は委託業者が用意し、職員や学生ボランティアが配膳。食堂ではだし取りや流しそうめんなど子ども向けの体験教室もあり、センターを利用するお年寄りが指導役になり、見守る。

センターに併設され、同法人が運営するケアハウスに入所する鬼頭道子さん（89）は、体験教室のボランティアとして毎回参加。この日はせっけん作りで、星や花の形にこねる子どもの様子を見守りながら「普段は高齢者同士でしか話さないので子どもの声を聞くだけで元気になる」と笑う。

（「東京新聞」20年1月29日）

このようにボランティアで食堂の運営に参加するお年寄りは、子どもたちと直接ふれ合い、役割を担うことで前向きな気持ちになれる。そして、子どもたちにとっては高齢者と接する機会になる。

地域でさまざまな世代が交流する場は少なくなっており、核家族化で2世帯、3世帯同居が減り、高齢者が子どもと関わる機会が減っている。一方、子ども食堂を訪れるのは親子連れが多いが、これも核家族化による孤立、核家族の困難を如実に示しているだろう。ライシャワー日本研究所所長である、メアリー・C・ブリントンはその著書で次のようにレポートしている。

東京で二人の子どもを育てている三七歳のアリサは、「日本は、人間ファーストではなく、労働ファーストです」と言い切った。「核家族が誰の助けも借りずに子どもを二人育てるなんで、ほとんど不可能です。社会が子育ての責任を担うべきです」。

（メアリー・C・ブリントン『縛られる日本人』中公新書）

現在、子ども食堂は単に食事を提供するだけでなく、お年寄りがけん玉を教えて交流するなど、子どもに昔遊びを体験させたり、さまざまな世代が交流する拠点として進化を遂げている。地域のにぎわいやまちづくりの一環として開設されることもあるという。そして、子どもは高齢者との接し方を覚え、世代間の隔絶を和らげる一端にもなる。

高齢者を働かせ続けるシステムからの離脱を

21年の日本人の平均寿命は、男性が81・47歳（世界3位）、女性が87・57歳（世界1位）で、日本は間違いなく「長寿国」である。しかし、「老後は旅行やゴルフなどをして、悠々自適に暮らす」生活は、もはや一部の富裕層にしか手が届かない時代になっている。日本は高齢者の貧困率が非常に高く、働く高齢者の比率も国際比較で高い。そもそも、社会保障が整っている国では、高齢者は賃労働に従事していないのだ。

21年4月には「改正高年齢者雇用安定法」が施行され、70歳までの就業機会の確保を企業の努力義務とすることが定められた。表向きは「70歳まで働けますよ」かもしれないが、本音は企業に「70歳まで働かせなさい」ということだろう。

さらに、雇用を75歳まで延長する企業も現れている。働きたい人にはありがたい制度かもしれないが、このままだと75歳まで企業人として働くのが当たり前になるおそれがある。ちなみに、「健康上の問題で日常生活が制限されることなく生活できる期間」として「健康寿命」という指標があり、厚生労働省によると、19年の健康寿命は男性が72・68歳、女性が75・38歳である。それ以降の年齢では、心身にさまざまな不具合が発生しやすく、まさに病気との共同生活になることを意味している。仮に75歳定年制が施行されたら、男性は健康寿命を過ぎても働き続けることになってしまう。

また、高齢者が企業で働き続けるということは、先にあげたような、地域に自らの役割を見出して、貢献して働くという機会を奪ってしまうことになる。商店街の清掃活動や小学生の交通誘導、子ども食堂への参画など、高齢者が賃労働の枠組みから外れて社会参画できる身近な仕事はたくさんあるのに、定年が延長されれば、企業的な賃労働の枠の中に囲われ続けることになる。

私は財源問題が解決し、社会保障が万全になることを前提で、極端にいえば40代、50代の定年でもいいと思っている。「社会保障もあるので、好きに生きてください」という世の中になれば、私の父のように企業で無理して働く必要がなくなる。賃労働一辺倒の社会からの脱却もはかれるだろう。働く、という意味自体が多様なものになるし、マルクス的な意味での喜びを探す営みもできるはずだ。若者が「楽しそう」と思えるような生活モデル、働くモデルを高齢者が率先して提示することは、各世代の人たちの幸せにもつながっていくのだ。

「小さな仕事」はこれからもっと重要になる

地域に貢献できる小さな仕事や身近な仕事、こうした仕事の重要性は、今後、とくに地方で顕著になると思われる。リクルートワークス研究所の坂本貴志氏は、その著書『ほんとうの定年後 ～「小さな仕事」が日本社会を救う』の中で次のように述べているが、私も同感である。

コンビニエンスストアなどにおける販売の仕事、飲食店の調理や接客の仕事、ドライバーや配達員の仕事、介護や建設の仕事などについては、その地域にサービスの提供者がいないとサービス自体が成り立たなくなる。農業など都市からの輸入に頼ることが難しい財に関しても、地域経済に必要不可欠な仕事の一つである。

仮にある地方でこうした生活に必要不可欠な仕事をする人たちがいなくなってしまったとき、何が起こるか。（略）

日々の生活の基礎的な仕事に従事する人がいなくなってしまえば、地域は立ち行かない。そのように考えれば、これからの時代、日本社会にとって本当に必要な仕事が何かが見えてくるのではないか。私たちは身近な仕事の重要性に立ち返る必要があるのではないかと考えるのである。（略）

日本社会が今後目指すべきは、地域に根差した小さな仕事で働き続けることで、自身の老後の豊かな生活の実現と社会への貢献を無理なく両立できる社会である。

（坂本貴志『ほんとうの定年後』講談社現代新書）

坂本氏の主張と違うところを挙げれば、ここでいう「老後の豊かな生活と社会への貢献の両立」とは、最低保障年金制度などによるしっかりとした社会保障が整備されることで、はじめて実現できると考える。というのも実際に、年金などもある程度もらっている人の方が社会貢献活動への参加率も高い。つまり、「衣食足りて、社会貢献」する余裕も生まれるということだ。そうでなければ「貧乏暇なし」であり、社会のこと云々よりも自分が生きていくための賃労働に包摂されてしまう。

もちろん、地域に根差した小さな仕事が、「最低賃金割れ」や搾取されるようなものでなく、違法な低賃金でないことも求められる。

労働組合の存在意義を見直す

労働条件の維持・改善や経済的地位の向上を目指す連帯組織が労働組合だ。最低賃金の引き上げや労働環境の改善は、労働組合が強くないと絶対にできない。

だが近年、労働組合の組織率は低下の一途をたどっている。ピークは１９４８年の55・8％で、21年には16・9％まで低下している。海外でも労働組合の組織率は低下しているが、アメリカではリーマンショックを機に組合を支持する声が増えている。また、フランスや北欧諸国では、労働協約（労使関係のルールを労働組合と使用者が取り交わす約束事）の適用率が高い。

１９８６年に制定された労働者派遣法の歴史を振り返ると、１９９６年には政府が規制を緩和して派遣対象業務を拡大し、１９９９年には派遣業種を原則自由化した。当時は企業の自由競争を推奨することで、すべての労働者が豊かになると考えられていた。また、当時は就職氷河期の真っ只中で、「賃金が安くても仕事があるだけマシ」という理由で、厳しい条件でも労働者が雇用に執着せざるを得なかった。

２０２２年、アメリカではスターバックス、アップル、アマゾンなどの企業の小売店の従業員が次々と労働組合を結成した。近年、アメリカでは労働組合活動が見直され、団体交渉が相次いでいる。ここ10年以上、企業の利益が急増し、株主やＣＥＯ、役員の報酬・配当は高騰する一方で、末端労働者たちは低賃金と過酷な労働環境に置かれ、利益増の恩恵をまったく受けていない。コロナ禍でリスクを負いながら命がけで働くことへの不満も限界に達していたのだろう。

日本では労働組合結成の動きが極めて鈍い。そのため、私は一部の労働組合と連携し、18年に急成長した衣料品通信販売大手の株式会社ＺＯＺＯに対し、数名の労働者と一緒に「前澤友作社長（当時）は月旅行に行くほど儲けているなら賃金上げろ」というキャンペーンを実施した。実際に複数回、配送センター近くで街宣活動をし、労働組合加入の案内を行い、ＳＮＳでも発信し、ＺＯＺＯの役員とも公開で議論を実施した。社会的な関心の高まりと世論、株式市場の要請もあり、前澤社長は時給１３００円への引き上げなど、非正規労働者を中心とした処遇改善を発表するに至った。声を上げなければ、いくら企業利益が上がっていても、利潤は末端労働者まで降りてこない。つまり、声を上げなければ「トリクルダウン」は発生しないのである。

こうしたさまざまな動きもあり、日本でもついに、22年6月、アマゾンジャパンの下請け会社と業務委託契約を結び、個人事業主（フリーランス）として働く配達ドライバー10人が待遇改善を求めて労働組合「アマゾン配達員組合横須賀支部」を結成した。

記者会見では配達しきれないほど大量の荷物が割り当てられ、1日12時間という長時間労働が常態化しているなどとして改善を求めたのだ。また、「業務委託は偽装であり、実態は雇用された労働者と同じ」だと主張している。

組合の横須賀支部長の男性は、「もう耐えられない状況だ。是正されないと、ドライバーは働きながら死んでしまう」と訴えた。副支部長の男性は、過労による自損事故を起こしたことを公表し、「いまのままなら、また事故を起こすかもしれない」と組合結成の動機を語っている。アマゾンの配達員の多忙ぶり、過酷さは、私たちも日ごろ横目に見ることがあるが、まさにその窮状を訴えていると思えるものだ。

宅配ドライバーはコロナ禍以降、さらに繁忙になった代表的職種だが、NHKの夜ドラ枠で放送された『あなたのブツが、ここに』では、キャバ嬢から宅配ドライバーに転身した主人公の上司にあたる人物が次のようなセリフを放っていた。

「何がエッセンシャルワーカーや。雑に扱いやがって」

これは現実の多くの宅配ドライバーが日々感じている偽らざる本音ではないか。

資本の運動は、労働者が団結して抗議しなければ止められない特徴がある。資本蓄積のためなら、労働者を無限に搾取するのが資本主義の宿命だからだ。そのため、先人たちは労働三権などを武器に闘い、労働法制が整備されてきた。労働法制は一定の規制効果を発揮しているが、「不断の努力」というべき闘いを労働者本人たちが行わなければ環境改善は実現できない。

日本でも困窮者が増えているいまだからこそ、労働組合の存在意義が見直されるべきだろう。労働組合には憲法が保障する強大な権限があり、会社が労働者との交渉や対話に真摯に応じない場合は、ストライキなど会社に対して合法的に抗議することもできる。労働組合は弱い立場にある労働者を守り、社会をよくする重要な手段なので、組合を発展させていくことが貧困問題解決の一助になるはずだ。

企業は非正規雇用を拡大して労働者の賃金を安く抑え込み、社会保険料や福利厚生などにかかるコストも減らしてきた。そうやって、本来なら労働者に払われるべき賃金を、企業は内部留保とし、株主配当を増やしていった。

なかには、「仕方がない」と諦める者もいるが、それでずっと我慢し続けると、次の若者世代にはもっと悲惨な負の連鎖が強化されてしまう。従順に働き続けていると、「75歳まで働きましょう」と、企業によってさらに時間が奪い取られてしまう。

「会社のいいなりになって働いていればよい」という、いい子で従順な社員が最適な戦略である時代は、終焉を迎えた。人生は一度きりで、健康でいられる期間も限られている。なぜあくせく働かないといけない高齢者がこんなにいるかを考えるとともに、賃労働偏重社会から離脱して、自分の足で歩くという生き方を模索していく必要がある。

第5章

地域やコミュニティに貢献して生きる

不安を持つ者同士が手を取り合う

グローバリズムなど、さまざまな要因によって日本型雇用は崩れ、労働組合の組織率も低下の一途をたどっている。特に増加してきた非正規労働者にとっては、労働組合自体が縁遠いものとなっている。労働者はお互いのつながりが希薄化し、熾烈な生き残り競争にさらされている。私たちはいま、他人も、自分すらも信じがたい社会を生きているのではないだろうか。信用できるものは金、資産だけ、という感覚も広がっているように思う。コミュニティの力が失われ、誰にも頼らず、頼れず、自分一人だけで不安を抱え込むようになっている。

いまや私たちが活動する埼玉県の郊外でも、コミュニティの力が失われているのを実感している。いわゆる高齢者の孤独死増加は、コミュニティの力の喪失を顕著に示している。総務省は13年に「健康状態や経済状況に問題があるにもかかわらず、必要な行政サービスを利用できず、電気・水道・ガスなどの公共料金や家賃を長期間滞納するなど、社会的に孤立した末に病死、餓死に至るケースがみられる」と調査をとりまとめ、地域力の強化など防止対策を発表した。しかし、その成果は現在どこまであがっているだろうか。

私が知る限りは、まだ道半ばである。当事者は声をあげられず、地域は生活困窮する人を把握できていない。誰がどこにいて、どのような課題を抱えているのか、誰も知らないような社会だ。

江戸時代の日本には長屋があった。１００万人が住んでいたとされる江戸は超過密社会で、庶民の多くは長屋と呼ばれる共同住宅に住んでいた。基本は四畳半程度の座敷に土間が付いたシンプルな構造で、親子数人で暮らす人もいた。各戸の壁は薄く、隣家の声は丸聞こえだったが、住人同士がとても近い距離感にあった。

長屋での暮らしは決して楽ではなかったが、住人は互いに協力しながら暮らしていた。病人が出たら誰かが面倒を見て、みそやしょうゆを貸し借りしたり、家賃が払えない者がいたら立て替えたり、お互いに助け合って生活をしていた。共用の井戸では長屋の住人たちが水汲みや洗濯をしながら、「井戸端会議」に花を咲かせた。江戸は「火事と喧嘩は江戸の華」といわれるほど火事が多かったが、住人たちは互いに助け合って被害を最小限に食い止めようとした。

現代社会では、長屋にあった「相互に助け合う力」は見る影もない。とはいえ、江戸時代と現代は違うのだから、かつての扶助の仕組みをそのまま甦らせることは望めない。現代にあった理想的な相互扶助、共助のあり方をこの章では考えていきたい。

扶養や扶助の最小単位は家族だが、いまや家族ですら互いに支え合う機能が限界に近づいていると感じることが多い。核家族化が進んでいるので、祖父母との同居も少なく、加齢に伴う介護などの生活課題を実感しにくくなった。私は祖母との三世代同居の家庭で育ったので、多忙な父母に代わって祖母によく面倒を見てもらったし、祖母が衰える過程や住宅で祖母を看取る場面にも立ち会うことができた。家族の相互扶助を痛感する場面は身近にあった。

近年、「親ガチャ」なる言葉が現れた。人は生まれてくる家庭、親を自ら選べないこと、親の経済力で人生が左右されることをガチャ（カプセル玩具の自動販売機）にたとえた言葉で、21年のユーキャン新語・流行語大賞でトップ10に選出されている。日本は格差社会が進行し、階級や階層が固定化されてきているので、必然的にどの「家」に生まれるのかが重要になる。親の属性や資産によって子どもの進学先、暮らし、生き方などが、ある程度決まってきてしまい、それを乗り越えるチャンスは少ない。

22年7月に起きた安倍晋三元首相の銃撃事件でも、山上容疑者の母親による新興宗教への多額の献金と経済的困窮がクローズアップされた。

私も、親が新興宗教に入信して家族が崩壊し、大学に行けずに性風俗店を転々としている20代女性など、家族の行動が原因で貧困に陥った人から相談を受けることは少なくない。親がアルコールやギャンブルなどの依存症になったり、新興宗教に入信したり、養育者の義務を果たせない場合、子はたちまち困窮に直面する。このように家族で互いに支え合うことが期待できない場合は、福祉や社会保障などのセーフティーネットに頼ってほしい。

かつて、日本には家族以外にもさまざまな共同体が存在し、相互扶助の機能をはたしていたが、それらの多くが失われてしまった。だからこそ、私はかつての共同体とは違う形であるが、コミュニティとしてそれを復活させる必要があると思っている。家族だけを扶助するものではなく、近隣住民、社会全体で相互扶助をする仕組みは人口減少、経済衰退社会にとって、必要不可欠である。まずは同じような不安や境遇を持つ者同士が集まり、手を取り合うことが、これからの時代には欠かせない。究極的に人々を守るのは、コミュニティになるだろう。

「協同労働」的コミュニティのもつ可能性

これからの日本に必要となってくるのは、富を皆で分かち合い、再分配していくという考え方だ。それは政府の所得再分配以外にも、さまざまなやり方がある。

「新書大賞2021」に選出された『人新世の「資本論」』において、マルクス研究者の斎藤幸平氏は、行き過ぎた経済成長至上主義から脱却することで、真の豊かさが得られると訴えた。
彼は「中央公論」誌上で、「資本主義が倒れるか、先に地球が潰れるか」というテーマで佐藤優氏と対談し、以下のように述べている。

家のローン、子どもの教育費、老後のお金……全てが資本主義のシステムに組み込まれているわけですね。私たちは必死に働き、子どもを塾に通わせ、節約したお金を投資することで、資本主義の永続化を支えている。そうした自分の身体や精神までが商品化されていくような世界を見直す必要があります。つまり、お金や商品に依存しない領域を作り出していく。資本主義のもとで1個の部品のようにアトム化された状態を克服して、人と人とのつながりを取り戻していく実践が、〈コモン〉（共有財）を作り出すのです。
（「中央公論」22年10月号）

斎藤氏は水や電気など本来は人々の共有財（コモン）であるべきものを営利企業が囲い

込んで独占していることを批判し、市民による社会の共同管理（コモン化）を提唱した。その際に労働者協同組合（ワーカーズコープ）の仕組みが有効であることも述べている。

こうしたベーシックサービスを社会全体で共同管理する「コモン化」のシステムと、「協同労働」というスタイルは非常に相性がいい。人々が物資や用役の購買、生産、加工、販売、金融などを共同で営むことで、行き過ぎた市場経済による過当競争に組み込まれず、自らの手で上手くコントロールできるようになる。ここには、資本家と労働者のような搾取関係はなく、生産方法を変えるときは、民主的に話し合いをして決める。

日本では、20年に「労働者協同組合法（労協法）」が成立し、22年10月から施行された。こうした法整備を背景に、「協同労働」による新しい働き方が可能になってきている。

労働者協同組合では、共通の目的をもった者同士が自発的に集まり、出資金という形で元手を出し合う。組合員となって自ら働き、意見を出し合い、運営に携わるというスタイルだ（図5－1）。社長や取締役などは存在せず、働く者同士の関係性に上下はない。

労働の対価として会社から賃金を得る働き方とは違い、組合員は労働者協同組合に出資し、事業に従事することで、賃金を得る。一方的に雇われるのではなく、働く仲間たちと「どう」働くかを自分たちで決める、そのために出資して責任を明確にするということだ

図5-1　協同労働による新しい働き方

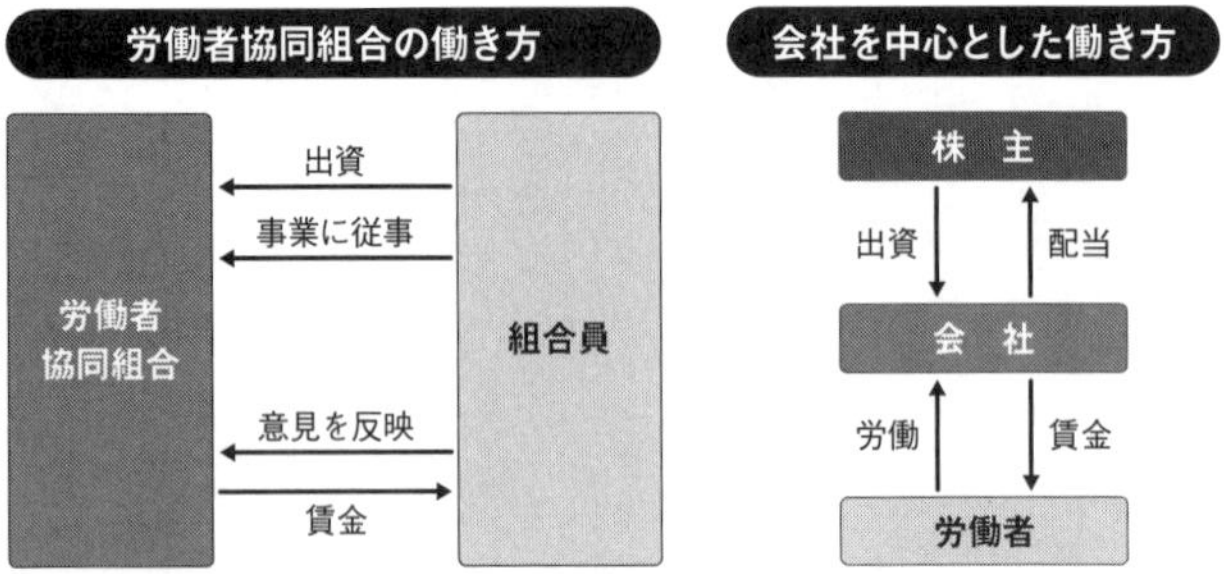

ろう。ここには従来の被雇用による賃労働とは異なる、自身も経営に参画するような「協同労働」にもとづく相互扶助コミュニティが誕生する可能性が十分にありそうだ。

海外では、ワーカーズコープは欧州を中心に浸透しており、すでにイタリアやスペインのように、憲法で協同組合の推進を定めている国もある。日本でもＮＰＯ法人と並びたつような活動形態になることが期待される。

労働者協同組合では、自分たちに必要なものを地域住民がお金を出し合い、自らつくり上げるために「協同労働」を行う。たとえば、スペインのバスク地方には世界的にも有名で最大規模の「モンドラゴン協同組合企業体」がある。扱うのは金融や工業、小売などの領域に及び、就労者は８万人以上にのぼる。最近はＩＴ関連事業にも参画し、いわゆるＧＡＦＡＭ（G＝Google、A＝Apple、

F＝Facebook、A＝Amazon、M＝Microsoft）の世界支配に抵抗する拠点を創ろうと模索している。「自分たちから仕事を創り、世界に働きかけていく」というコンセプトのもと、地域を自ら管理するため、組合員たちは地域通貨の流通や物々交換などを実践し、貨幣収入に頼らずとも生きていけるような試みをしている。モンドラゴン協同組合の起源は、1943年に設立されたモンドラゴン工科学校にまでさかのぼる。

こうした協同組合は、会社組織とは一線を画したコミュニティであり、新たな時代の働き方のモデルとなりうる一例だろう。そして、高齢者はこうしたコミュニティに積極的にかかわっていくことができるのではないかと思う。

日本でも高齢者の需要が高い病院を地域住民が出資して立ち上げ、共同管理している事例は全国各地にある。共済病院、生協病院、診療所など、自分たちの地域に何が必要かを話し合い、資金も出資し合う。介護事業所も同様である。自分たちで出資し、場合によって自分たちも働いて資源を管理していくモデルはもっと見直されてよいだろう。

江戸時代の日本には、もちろん協同組合はなかったが、「自分たちの身は自分たちで守る」取り組みは行われていた。江戸の治安は町奉行所が担っていたが、奉行所に勤める与力・同心の数は圧倒的に少なかったという。そのため、江戸の町の治安は、基本的には自治によって守られていた。町民が住む長屋の入り口には「木戸」という門があり、町内で雇った木戸番が木戸を通行する者のチェックをしていた。また、防犯のための自警組織として「自身番屋」が置かれ、家主や番人、書役（町年寄や町名主を補佐する町役人）などが交代で詰めたという。私たちも自分たちの住んでいる地域を国家や行政に依存しきらず、自分たちで管理する、という意識を取り戻す必要があるだろう。

お金に頼らずに暮らす

日本の都市部と地方の間には埋めがたい格差や断裂があるが、地方ではいよいよ地域の〝担い手〟がいなくなろうとしている。いわゆる消滅自治体、消滅集落、廃村も増加傾向が続くだろう。

たとえば、地方の里山の景観は、そのままの自然ではなく、手を入れる人や住む人がいることで成り立っている。ところが、最近地方に行くと、里山を維持できないという話をよく聞く。山間地域の過疎化や耕作放棄地の拡大による荒地化、狩猟者の減少などが深刻で、野生のイノシシやシカによる農作物被害も増加している。水道など公共インフラの老朽化も著しい。昔は税金をかけなくても、皆がお互いに助け合いながらやってきた。しかし、高齢化と過疎化で担い手がいなくなってきているので、全産業的に危機に陥っている。担い手としての行政も人手、財政ともに恒常的な不足状態が続いており、いわゆる「公共」の危機といってもいい。

とはいえ、地方にはこれからのモデルとなりそうな生き方も残っている。収入は毎月4~5万円の年金で、山菜やキノコを採り、米や野菜は自分でつくるといったほぼ自給自足でカバーしているお年寄りたちの暮らしだ。ときには物々交換をしながら、助け合って生きている人もいる。むしろ、そうしないと暮らせないのだろう。

要するに、市場経済にあまり依存しない、言い換えれば、貨幣に極力頼らずに豊かに暮らす生活モデルだ。もちろん、暮らしていくのに一定のお金は必要だが、地方の高齢者の生き方としては有効なあり方だと思う。

脚本家の倉本聰氏は、「文藝春秋」で老人に向け、「貧幸」に戻ろうと提言をしており、次のように書いている。

> 我々日本人は政府の云いつけを守りすぎた揚句、浪費中毒者にされてしまったのです。(略)

今の豊穣の日本から貧幸の日本へ戻せと云ったって、なつかしがる人は多少いたとしても実践する人、行動を起こす人はほんの一握りしかいないでしょう。それは仕方ないことだと思うのです。

皆様からの手紙の中に、徳島県在住、92歳、無職の方からのお便りでこういうものがありました。

「今、『ポツンと一軒家』というテレビ番組がみられている。あそこに登場する主役の生き方こそ現代の人類に求められていると常に思っている」

僕も全く同感です。

（「文藝春秋」22年9月号「私の貧幸生活」）

『ポツンと一軒家』は私も見ているが、同時間帯に大河ドラマなども放送されているなか、視聴率でかなり善戦しており、一定以上の人たちから、この番組が支持されている。地方で質素に暮らすことが、ある種の憧れや尊敬の思いで捉えられているのだろう。倉本氏は「少しずつ、小さく、年寄りの力で、世の中を昔に戻しましょう」と訴えるが、高齢者世代に向けて単なるノスタルジーではない共感と変革をもたらす呼びかけになっているのではないだろうか。

その際に生活が不便になるのではないか、という懸念がある。生活スタイルによるだろうが、その質が落ち切ることはないだろう。電気やガス、水道などの生活インフラはすでに隅々まで設置済みであり、どこからでもインターネットにつながる時代だ。ネオン輝く都市部に居続ける必要性を根本から疑いたいものだ。

「フードバンクみやざき」の挑戦

最近では、宮崎に行ったときに、貧困問題解決のために「フードバンクみやざき」を主催している長友宮子さんの活動を見せてもらった。フードバンクとは、まだ食べられる食品を寄贈してもらい、必要な場所に届ける食料支援システムの一つだ。自治会の会長や地域の内科医といった人たちが呼びかけ人となり、かつて地域で農業を営んでいたシニアの人たちが休耕地を耕し、「寝たきりのおじいちゃんの田んぼだから」と張り切って取り組んでいたのが印象的だ。それは、「今困っている人のために米づくりをする」という目的のもとに、いろんな世代が混ざり合って交流する機会にもなっていた。そして、収穫した野菜や米の一部は、子ども食堂運営者などに提供されることになった。

フードバンクは1967年にアメリカで始まった活動で、日本では2000年代に数多

「フードバンクみやざき」では休耕地を活用した米づくりを行っている。写真は子どもたちが収穫の手伝いをしているところ

農家が生産して余ったハクサイをもらうこともある。こうした食材はひとり親世帯や困窮世帯を中心に主にこども宅食を通じて提供される

くのフードバンク団体が設立されている。2010年代に入り、活動の背景となる食品ロス問題、貧困問題への認識が高まるとともに、食品企業などで発生する規格外品（包装の破損、過剰在庫、印字ミスなど）を引き取り、困窮者に無償で届ける活動が全国的に広がっている。

フードバンクみやざきでは、他にも子どもたちが農家の収穫を手伝うことで、そのお礼にキュウリやイチゴをもらうなどの活動を行っている。さらに、生活の厳しい家庭に食品を届ける「こども宅食」を実施している。

私たちの暮らしは、企業などが生産した商品を貨幣で交換して消費する仕組みをとっている。そのため、貨幣がないか、少ない場合、必要な商品は手に入りにくい。生産が企業などに独占されている食料品も同じである。その食料品を自分たちで生産し、配布することができるなら、どれだけ暮らしに変化が起こるだろうか。貨幣を必要以上に稼得する必要もなく生きられるのではないか。

自分たちで維持し、守る

最近、人口減などで公共サービスが低下している地域では、「自分たちが住む町や村は、自分たちで維持し、守る」という地縁コミュニティによる取り組みが復活しつつある。「お互いに助け合いながら生きる」例として、コミュニティバスの運営や水道設備の点検などがある。行政機関がやっていることを自治会に委託したり、委託でなくても、自力でそれぞれ交代しながら取り組む。私の父母は、自治会のゴミ捨て場の清掃や管理を行い、無償で近隣高齢者の買い物代行をしているが、これも行政がカバーしきれていない部分のサービスを担っているといえるだろう。そういう賃労働以外の地域貢献、社会貢献的なもののニーズは、地方ではとても多い。

全国で路線バスが廃止になるなど交通の空白地帯が増えているなかで、地域交通を担うために小型車両を用いたコミュニティバスを各地でよく見かけるようになった。もちろん自治体が運営するものも多いが、地域住民が自ら発案し、運営するものもある。たとえば、「運転免許返納者が増え移動手段で困っている人がいる」といった声から、神奈川県箱根町では仙石原自治会連合会、民生委員、箱根町社会福祉協議会でつくる「仙石原地域のことを話し合う会」が、コミュニティバスを運行している。町民から社協に納められる会費が運営にあてられ、ドライバーは地域住民が交代で務め、車両は地元の老人ホームから無償で提供を受けたという。

こうした自分たちが暮らす地域を守り、次世代にきちんとした形で引き渡していくための工夫と実践は、発案や計画など高齢者にも参加できるものが多い。

私的所有からコモン（共有財産）への転換

先に法が施行された労働者協同組合の可能性を紹介したが、協同型の運営組織としては、それぞれ特定法によって活動内容が定められている生活協同組合や農業協同組合、漁業協同組合などがよく知られてきた。皆で一つの農機具をシェアして使ったり、協同で購入したり、協同で管理するなど、いわばシェアリング経済だ。

たとえば、漁協であれば近海で魚をどれだけ獲り、どれだけ加工するのかを、サステナビリティ（持続可能性）をもとに長期的な視野に立って考えて行動する。漁業資源を獲り過ぎてはみんなが困ってしまうので共同管理体制を築いてきた。ハゲタカ・ファンドのような一過性の利益さえ得られれば、地域のことなどどうでもいい、とする資本に対して生産管理権を売り渡さずに共同管理をしてきた。地域を自分たちの手で守り、管理していく。もし短期的な利潤のみを追求すると、地域も生産も壊れていってしまうからだ。

短期的な利潤を求めていったのは日本企業が株主重視になってからの傾向だが、現在、日本の円安が進み、日本人の低い賃金水準が際立つとともに国富が急速に失われていっているという指摘もある。経済学者として知られる岩井克人、東京大学名誉教授は、起業家である孫泰蔵氏との対談「経済敗戦の要因は「1周遅れの株主資本主義」にあり」で次のように述べており、日本の凋落ぶりに私は改めて衝撃を受けた。

日本は、失われた30年で経済敗戦した、と言えるのではないでしょうか。例えば、現在のニューヨーク州の最低賃金は16ドル。8時間で25日間働いたとして月3200ドル。1ドル144円換算で、月収は約46万円。一方、日本では、令和2年調査の大卒初任給の平均が22万6000円です。日本の大卒はニューヨークでハンバーガーをひっくり返しているほうが稼げてしまうんです。（略）

ヨーロッパはもちろん、非常に株主主権的なシンガポールでさえ義務付けられていない会社の四半期開示の実施が象徴するように、日本は、世界の中では最も株主主権論が強い国になってしまった。日本の株式市場は、海外のハゲタカ・ファンドの草刈り場になってしまっている。日本の国富が収奪されているのです。これも、株主資本主義を考えなしに、外国のモノマネで入れてしまった結果です。（「Forbes Japan」22年12月号）

これは企業経営者にとって、耳の痛い指摘ではないだろうか。株価を上げる施策を講じたり、株主に配当を出したりと目先（短期）的かつ株主のほうを向いた経営にとらわれ、日本企業は中長期的な視野を見失ってきたといえそうだ。そのなかで従業員への利益還元や成長への投資、企業の社会的責任の遂行がおざなりにされてきた面は否めない。

かつて、保育園や介護施設などは公的領域に属し、ある種の聖域の中にあった。ところが、新自由主義の波を受けて民営化、市場化が進み、利潤追求第一となった結果、ゆがみが出てきてしまっている。しかし、労働者協同組合の営利を第一義としないモデルを取り入れ、協同型の運営がなされれば、もっと上手くいく可能性はあるはずだ。

人口も経済も先細りする中で、これから先、「儲からない事業」は撤退を余儀なくされる。2000年代以降、大店立地法により地方に大型ショッピングモールが進出し、地域の小売店は次々と廃業した。しかし、そのショッピングモールも人口減少でいずれ撤退し、「買い物難民」が生まれる。日本はもはやそういう時代に入りつつある。こうした問題にどう対処していくか――難しい課題だが、ここに高齢者が自由な発想で積極的に関わり、相互扶助の地域社会を再構築する道はある。

たとえば、宮城県丸森町大張地区では、採算がとれない地域に企業がお店を出さないのなら、自分たちの手でつくろうと、住民協同出資店「なんでもや」が03年につくられた。食料品や雑貨を店舗で販売するほか、お年寄りの見守りも兼ねた移動販売も行った。自分たちでつくった野菜や豆腐を店に出すことは、高齢者の生きがいとなっていった。参考にしたのは、沖縄県国頭村《くにがみそん》の奥集落で１００年以上にわたって住民の助け合いで切り盛りされてきた「奥共同店」だという。沖縄にはこうした集落の住民が出資、運営する共同店が存在する。

「河北新報」21年8月14日の記事によれば、「なんでもや」は、19年に運営資金不足などで休業したのだが、協力企業が現れ、20年「大張交流センターなんでもや」と改称し開所している。週に一度、生協の販売車がなんでもや前に止まり、買い物を終えた人が施設内を休憩に使うという。地域住民が買い物できる日用品店から住民の憩いの場に生まれ変わったようだ。「店の休業後は寂しかった。触れ合いの場が復活してうれしい」「来たら誰かに会えて、地域の情報を得られる」と高齢女性たちは語っているという。

このように地域課題を住民たち自身が発見し、周囲を巻き込んで解決するために、高齢者は知恵を出し合いながら、参加することができる。

今後、65歳以上の人はますます増えていく、そういう時代だからこそ、高齢者が賃労働以外の役割を担い、そこから得られた知見を波及させていく機会があるのではないか。年金支給額の減額は続いているが、一定の生活保障がある前提なら、非営利事業への参画もしやすい。「営利追求ではないモデルで構わない」という人が増えていくのが理想だ。

「経済はずっと右肩上がりである必要はなく、成長しなくても暮らしていける」

いままでは、こういう発言をするとその価値観は社会規範から外れているかのような扱いをされたかもしれない。しかし、賃労働社会のレールから一たび外れれば、そんなことはないという実態がわかってくる。そこに住んでいる〝皆が豊かになる〟というモデルこそ、これからの時代に求められている。独立研究者、パブリックスピーカーとして時代をリードする山口周氏も、「私自身は、一部の人が取り残され、大半の人がそれを見て見ぬ振りをするような社会より、みんなで助け合い、誰もが本質的な意味で豊かな人生を生きられる社会を目指すべきだと思います」と述べているが、まさにその通りだろう。

現在、私的所有からコモン（共有財産）へと転換していく動きは、どこの国でも議論がなされている。物を極力持たないミニマリスト的な暮らし方や、物を共有するシェアリング経済など、いままでの私的所有を軸とした社会とは一線を画した取り組みが注目されている。必要以上に持たない、分け合って暮らしていくという流れは、今後も進んでいくだろう。

「ほっとプラス」の実践

共同体やコミュニティは、罪を犯した高齢者の受け皿にもなる。

近年、刑法犯認知件数は減少している一方で、刑法犯検挙人員における高齢者の割合は増え続けている。高齢者による犯罪は窃盗が全体の約3分の2を占めており、そのうち約9割が万引きだ。有罪が確定した高齢者の万引き犯の犯行動機で最も多いのが「お金を払いたくないから」、次に「生活困窮」となっている。また、経済的な問題だけでなく、孤独感や孤立感といった心理的な要因も影響している。

高齢者は他の年齢層に比べて出所後の再犯率も高い。帰る場所がない状況で、「働かなければ生きていけない」というプレッシャーがのしかかり、暗澹たる気持ちになっていく。そして、「刑務所のほうがマシ」といわんばかりに、再び罪を犯してしまうケースが多く見られる。

しかし、共同体意識を持って受け入れてくれるようなところが出てくれれば、再犯の抑止力になるはずだ。生きがいを持って暮らしていけることが、更生のきっかけにもなる。

私たちのNPO法人「ほっとプラス」では、地域で空き家になっている物件を借りて、ホームレスの人などに転貸するという活動を行っている。現在は50人ほどが入居しているが、その中には、刑務所から出てきたものの身を寄せられる場所がない人もいる。いまのところ、出所して入居した人が大きな問題を起こすことはない。

一方で、出所した人たちの受け入れには、まだまだ高い壁が存在する。「ほっとプラス」でも、「刑余者が……」と話すと、「何も問題ないようにお願いしますね」と近隣住民からクギを刺されたりする。

「更生＝就労支援」という向きがあるが、私たちは「働いてください」とはほとんどいわない。「とにかく、生きているだけでいいのです」といっている。そして、「新しいことを仕事以外で見つけましょう。生活保護という選択肢もあります」と案内する。高齢者による犯罪、そして再犯の問題は一朝一夕には解決しないが、賃労働だけが生き方ではないという意識転換が必要になってくるのではないだろうか。

また、生活保護などを受けつつ、前述したような社会貢献事業、地域貢献事業への参加も重要だ。過去には近所の小学生の登下校の際の見守りなどの自治会活動に、出所してきた高齢者が参加している。高齢者の「仕事がなく身寄りもないけれど、子どもたちに挨拶して交流すると元気をもらう」という声は、本人の生きがいになっていることを意味する。地域で支え合う中に身を置くことで本人も心が和らぐのではないか。

日本は共助の領域が弱い、常々そう感じてきた。

しかし、市井において共助や相互扶助について日々、実践している人たちも無論いる。東京の荏原中延《えばらなかのぶ》で喫茶店「隣町珈琲《カフェ》」を営む、著述家の平川克美さんも、この隣町珈琲を地域の共有資産として広く開放している、いわば共助の実践者だ。『共有地をつくる〜わたしの「実践私有批判」』（ミシマ社）を上梓した平川氏に、これからのコミュニティ貢献のあり方についいて話をうかがった。

痛みがわかる人同士でないと連帯できない

藤田　現代の資本主義社会において、日本は少産多死による人口減少の時代に突入していますが、平川さんはいま、この社会をどのように見ていますか。

平川　現代社会の特徴は、人口減少や貧富格差の拡大もあって、総需要が減退し、供給過剰が常態化していることです。これは全世界の先進国が陥った共通の問題です。もはや、かつてのような経済成長が社会の問題を解決するという考え方が無効になりつつあります

隣町珈琲で対談する平川克美氏（左）と筆者。壁面には平川氏の蔵書を中心に多くの本が並び、客は自由に読むことができる

ね。そこに福祉や社会保障の予算を削り、企業減税をして大企業優遇をすすめる新自由主義が生まれてきた。貧困や格差は、社会の問題ではなく、自己責任だというわけです。

供給過剰は、企業にとっては死活問題です。政府がとった政策は、選択と集中です。儲かりそうな企業に集中して資源を投下すれば、その利益が下々にまで滴り落ちるという、いわゆるトリクルダウン政策ですね。政府は企業を助けるために減税を行い、企業は新しい市場を求めて、海外の発展途上国に進出しました。インドや中国といったかつての有望市場が成熟してくると、もうリアルな現物の市場は飽和してしまい、金融空間やインターネットの仮想空間を新しい市場にしようとしてきたわけです。しかし、政府による大企業優遇政策にもかかわらず、トリクルダウンは起きず、人々の暮らしは逼迫し、貧富格差は拡大し、社会保障や医療予算が自己責任という言葉のもとに削減されているのが現状ではないでしょうか。

藤田　成長が行き詰まり、今後は儲け一辺倒の世界から転換し、人々は連帯していく必要があると思います。海外を見ると、スペインの協同組合企業「モンドラゴン」など、連帯の動きは増えつつあります。日本でも、こうした動きは出てくると思いますか。

平川　現段階では、なかなか難しいと思います。日本は昔から「貧乏人を助けるのは貧乏人」と相場が決まっているので。つまり、痛みがわかる人同士でないと、なかなか連帯できない。ヨーロッパで連帯ができるのは、一種の騎士道精神があるからだと思います。お金持ちや社会的地位が高い人は、自分の収入の何％かを社会福祉に向けており、そういう文化が根付いていています。

藤田　日本は、そういう文化があまりないですね。連帯経済など、他の国で行っていることを日本でもモデル的にやっていこうという声はありますが、なかなか広がっていません。

平川　これまでできなかった慣習が、今後できるかというとそれはわかりません。とはいえ、同じ貧しい人同士で連帯することは大事です。「金持ちよりも貧乏人のほうが楽しい」

という文化をつくれば、いろいろと豊穣なものをつくり出せるからです。実際、いいものは金持ちの中からはあまり生まれてきません。生活に余裕があり、たらふく食べて、楽な生活をしていたら、誰も楽しいものをつくり出そうとは思いませんから。

藤田 ない状況からいいものをつくるのは楽しいですね。料理研究家の枝元なほみさんも、「賞味期限切れの食料品を、どう工夫して料理しようかを考えるのが楽しい」と話していました。限られた状況にあり、それに対応しないといけないところから、新しいものが生まれてくることは多いですね。

平川 下層社会というと、どうしてもネガティブなイメージがつきまといがちです。しかし、無理に頑張ってそこから駆け上ろうとするのではなく、その社会で一つの文化をつくっていく。それが楽しいし、良いと思います。

『共有地をつくる』でも述べていますが、私は現代の諸問題（資産の退蔵、格差の固定、環境の破壊）の多くが、過剰な私有制に端を発すると考えています。

日本は先の戦争ですべてを失い、多くの人が「持たざる」人になりました。その後、高度経済成長を通じて、「持たざる」日本人が少しずつ私有財産を蓄えるまで豊かさを獲得していきます。しかし、豊かさが実現するにつれ、社会は共生から競争へとその性格を変化させていきます。それまでは、貧しい中で限りある資源を分け合うという共生的な生き方がありましたが、それが徐々に失われていったのです。団塊の世代以上の人たちが昭和の時代にノスタルジーを感じるのは、日本が高度成長を遂げていた時代に、豊かさに向かって進むという「希望」があったからです。

助け合いながら完成した「隣町珈琲」

平川　私が隣町珈琲を開くとき、会社を清算し、自宅を含めた私有財産を失うなど経済的にはかなり厳しい状況にありました。それでも、いろいろな人が協力してくれて、何とかオープンにこぎつけられました。居抜きの物件を見つけ、家から食器や本、調度品などを持ち込み、外壁は自分たちがペンキを塗って、格安で店舗の体裁を整えました。

藤田　まさに連帯ですね。

平川　この町にはそれまで書店がなかったので、本が読める喫茶店にしました。コンセプトは「街の大学、学びの場所」で、文化の発信地にしたいという思いから地域文芸誌を発刊したり、勉強会や音楽ライブなどのイベントを開催したりしています。

藤田　地域の文化拠点をつくるという活動は、とても社会貢献的なことですね。団塊の世代の多くがリタイアされていますが、そうした方々が、これまでの経験や富を社会的に還元する活動を行っていくと、いまよりも良くなっていくのではないかと考えています。その辺りはいかがでしょうか。

平川 確かに良くなるとは思います。ただし、それぞれの事情もあるので、還元はなかなか難しいところもあります。

私は、特に高齢者世代は「レジスタンス」が必要だと思っています。レジスタンスといっても、力で現体制をどうにかするとか、そういうものではありません。戦後日本を代表する思想家の一人である鶴見俊輔さんが、「これからは、老人が老人のために働く時代だ」とおっしゃっていましたが、確かにその通りだと思います。高齢者の場合、若い頃のように効率よくとか、長時間の働き方はできなくなり、周囲の足を引っ張ってしまう場合もあります。しかし、同じ高齢者のために働くのであれば、その辺りはさほど気にする必要はありません。

藤田 高齢者同士なら、体の状態がどうなのかは、お互いにわかりますからね。

平川 「若い人は若い人でやってくれ。私たちは私たちで助け合ってやっていく」という感じです。私はいま、それを実践しています。隣町珈琲は子ども食堂や落語会、読書会の会

隣町珈琲で開かれた勉強会の様子

生前、世の中のひずみを鋭く指摘してきたコラムニスト、小田嶋隆氏（右）と平川克美氏のトークイベントも隣町珈琲で開催された

場になって子どもたちやお年寄りが来るようになり、毎日くつろげる場所になっています。もちろん、従業員の給与や家賃代は稼がないといけませんが、お客さんとスタッフが協同でつくり上げた、地域コミュニティの拠点としての機能を担うようになっています。

私有するものを他者と共有する

平川　20年9月に亡くなった、『ブルシット・ジョブ』を著したデヴィッド・グレーバーは、私が最もその言葉を聞きたいと思っていた思想家です。彼の考えが面白いのは、「我々の社会は、基本的にはコミュニズムで成り立っている」という指摘、いわゆる「基盤的コミュニズム」です。最も強欲資本主義的な世界有数の金融グループ、ゴールドマン・サックスの中にも、コミュニズムがあるというのです。たとえば、ボールペンなどちょっとした道具の貸し借りで、同僚が対価を要求することはありません。同じ仲間内では、無償の労力で成り立っています。人類史をたどっていくと、基盤的コミュニズムが先で、その上に貨幣経済が乗っかっているのです。

藤田　昔は皆が共同体意識を持っていて、それこそ村を豊かにするために私財を持ち寄ったり、道具を貸し借りしたりするなどしていました。それから経済が成長し、生活が豊かになるにつれて個人主義の時代になっていきました。いま、再び豊かさが失われる時代に突入しようともしていますが、再び昔のような助け合いの時代がやってくると思いますか。

平川　それはなかなか難しいと思います。団塊の世代にしても共同体が嫌で抜け出して、資本主義の社会の中で生きてきたわけですから。共同体志向の人たちは、何となく自立心が足りない印象があります。もたれかかる側は都合がいいかもしれませんが、そうされる側は面倒この上ないですからね。

また、共同体というのは常に負の側面があり、「監視社会」でもあるのです。濃密であればあるほど、監視社会的になります。共同体にはプラスの面がある一方で、マイナスの面もあることは把握しておくべきです。

拙著『共有地をつくる』でも紹介していますが、私が考えている「共有地」は、自分が私有しているものを他者と共有できるような場所のことです。それは行政によって形成される社会的な資本でもないし、村の共同の洗い場のような共同体の共有財産とも少し違います。私が所有する「所有格」を解除して、同じ場所に集まる他人に貸してあげられる「場」であり、他者が喜捨したものを自分も借りられる「場」です。

高齢者を支援するための方策とは

藤田　生活が便利になるとともに、個人主義文化が発展していきました。余計な干渉がないので心地よいという人もいますが、一方で、困ったときに誰かに頼れないという状況に陥ってしまう人もいます。

平川　私の場合、人に助けられてどうにかやっていくことができたけれど、それはたまたま運がよかっただけかもしれません。

藤田　逆に孤立し、誰にも頼れないという人もいます。日本は自殺率が高い社会です。追い詰められたら、「もうダメだ、生きられなくなる」と思いがちで、借金に限らず、生活の危機が命に直結するのです。私も困窮者支援の現場で活動するなかで、「生きてさえいてくれたら良かったのに……」と思うことが、よくありますね。

平川　難しい問題です。現在の自らの状況を社会生活のヒエラルキーの最下端と位置づけてしまうと、とてもキツい。そこから抜け出すには、この階級を上っていくしかないから、非常にしんどい。

藤田　これから高齢化はさらに進みます。高齢者世代のライフスタイルが、ある種の文化をつくっていくと思うのですが、モデルがあまりない。だから「必死に働かなくてはいけない、生活費を稼がないといけない」という枠組みから、まだどこか脱しきれていないようです。そうした中で、高齢者に向けてどういう支援が考えられるでしょうか。

平川 高齢者支援のあり方として、たとえば公共交通機関では「シルバーパス」などの施策を行っているけれど、それを拡張していくのがいいでしょう。社会のインフラ部分、共通の社会資本部分を全部無料化するといったことです。お金をあげるよりも、そういうものを全部タダにする。消費の多くは衒示的《げんじてき》消費（見せびらかすための消費）なので、本当に生きていくだけなら、そんなにお金はかからないのです。

藤田 現代は教育も医療も市場化しているので、お金を払えば、ある程度満足が得られます。しかし、お金がなければ手が届かない。それでいいはずはないですからね。

平川 介護施設も本当に富裕層向けに商品化され、月に何十万もかかるので、都内では、普通の人は入れない状況になっています。商品化されすぎた社会ですが、お金がなくても何とかなる社会へ思考を転換することは大事です。

藤田 マルクスも、人が金に支配されることを批判しています。日本の物象化をどう克服するかということも、今後の課題だと思います。

平川 そうですね。いつも思うのだけれど、「金じゃないよ」と口ではいうけれど、お金で解決する問題は多い。でも、お金がないほうが楽しいことだってあるということを発信したいし、そういう場所を提供できればと思っています。

自分も、そんなに立派な人間ではないですが。そういう人たち同士で、どうやって楽しくやっていくのかということを考えるのが大事だと思います。生き方に完璧を求めないことですね。完璧すぎると、追い込まれてしまうから。

藤田　確かにその通りです。イメージが浮かんできました。

◎平川克美

文筆家。1950年、東京・蒲田の町工場に生まれる。早稲田大学理工学部機械工学科卒業後、翻訳を主業務とするアーバン・トランスレーションを設立。1999年、シリコンバレーのBusiness Café Inc.の設立に参加。2014年、東京・荏原中延に喫茶店「隣町珈琲」をオープン。

第6章　社会保障の未来を考える

未来志向の「シルバー民主主義」は可能

内閣府が発表した2022年版の「高齢社会白書」によると、日本の65歳以上人口は3621万人で、総人口に占める割合（高齢化率）は28・9％。高齢化率が30％を超えるのは団塊の世代が75歳以上になる25年と見込まれている。65歳以上の人口は今後も増加し、団塊ジュニアが高齢者となる2042年には3935万人となり、高齢者人口のピークを迎えると推計されている。

当然ながら、全有権者における高齢世代の割合も増加し、2050年には有権者の半分以上が60歳以上の高齢世代になることが予想される。いまも国政、地方政治とも政治家の大多数は男性高齢者が占める。今後の社会運営の意思決定、政治参加、地方自治はどうなっていくのだろうか。

現在、若者（20〜30代）の投票率は低く、高齢者の投票率のほうが相対的に高い。高齢者層の政治への影響力が増大する現象のことを「シルバー民主主義」と呼び、欧州などでもその傾向が見られるが、「高齢者の声が通りやすい政治」というよりも、政治家が票を得るために、高齢者を忖度し、彼らからの支持を得られるような政策を率先しているといえるのではないかと思う。

一般的に、シルバー民主主義によって何が起こるかといえば、地方自治体において「保育園の増設よりも、高齢者向け施設の充実が優先される」など、高齢者寄りの政策が実現されると思われがちである。しかし、はたして本当にそうだろうか。お年寄りは、自分たちのことだけを考えて、自身が逃げ切れればそれでいいと考えているのだろうか。

イェール大学助教授であり、起業家でもある成田悠輔氏は、その著作『22世紀の民主主義』の中で、次のように述べているが、頷ける部分が多い。

もっとも、老人がシルバー民主主義の犯人なのかは実はわからない。高齢な有権者が本当に「高齢者を優先させるべき」と考えているかどうかもわからない。この点について示唆深い研究がある。未来志向の社会制度を探る「フューチャーデザイン」と呼ばれる研究を行っているチームの実験では、まだ生まれていない未来世代の仮想的な代理人を設定し、未来の仮想代理人と現役世代や高齢者に次世代にまつわる政策を議論してもらった。すると、政策選択が未来志向に変わったという結果が出た。**高齢者が多いからといって、彼らが自分たちの世代のことしか考えていないとは限らない。意外に柔軟で話がわかるかもしれないのだ。**（原文太字）（成田悠輔『22世紀の民主主義』SB新書）

これは卓見だと思う。

「高齢者が優先されることで国の活力が失われ、経済や社会の低迷を招く」として、シルバー民主主義はしばしば批判の対象となり、「老人栄えて国亡ぶ」などといわれてきた。しかし、実際はどの世代も貧困に苦しんでいるし（生活保護世帯の過半数が高齢者世帯なのは第2章でも述べた通り）、社会保障給付も全世代的に足りない。他国と比べて高齢者に手厚い社会保障があるわけでないことは、拙著『下流老人』でも指摘してきた。そして、本項冒頭で紹介したように、そもそも2050年には有権者の半分以上が60歳以上になることは避けられない状況であり、シルバー民主主義を否定したところで何も始まらない。シルバー民主主義をどう機能させていくかが問われている。

シルバー民主主義の弊害が万が一強まれば、高齢者への風当たりは強くなるだろうが、だからこそ、そうならないよう高齢者は政治を監視し、社会への参画意識をさらに高めてほしいと思っている。前途ある若者や社会のことを考えて、未来志向と公共性を持って次の世代にこの日本を引き渡してほしい。前出のフューチャーデザインの研究結果からも、それは十分に実現可能なのだ。人生の大先輩方にいうのは憚られるが、特に「団塊の世代」と呼ばれる方々に、未来志向の意識を持っていただけることを願っている。

正しく知っておきたい生活保護制度

団塊の世代の一般的な定義としては、戦後の第1次ベビーブーム（1947～49年）に生まれた世代を指す。日本の高度経済成長を支えた世代だが、現在600万人弱となり、日本人の約20人に1人がいよいよ75歳以上の後期高齢者にさしかかっている。前期高齢者（65～74歳）の間は何とか働ける人が多かったが、後期高齢者になると体の自由がきかなくなるにつれ、就労も徐々に難しくなるだろう。

そのときに収入減から健康で文化的な生活が送れなくなり、下流化する高齢者は一定数出てくることが予想される。

社会保障制度は社会構造の変化に追いついておらず、セーフティーネットの役割を十全に果たしているとはいいがたいが、それでも、憲法25条が保障する「健康で文化的な最低限度の生活」を権利として制度化した、「生活保護制度」がある。現在の社会保障では、多くの高齢者が今後、貧困に陥ることは必定なので、生活保護制度を機能させられるか否か、は超高齢社会を乗り越える上で重要だ。制度の趣旨について、厚生労働省のHPは次のように記している。

「生活保護制度は、生活に困窮する方に対し、その困窮の程度に応じて必要な保護を行い、健康で文化的な最低限度の生活を保障するとともに、自立を助長することを目的としています」

さらに「生活保護の申請は国民の権利です。生活保護を必要とする可能性はどなたにもあるものですので、ためらわずにご相談ください」とある。本来、私たちには保護請求権が保障されている。困っていたら保護請求し、状況に応じた所得保障を受けられる。誰もが申請することができる社会保障制度の一つで、社会を安定させるための装置でもある。

ところが、生活保護という名前は耳にしても、その仕組みを正確に理解している人は少ない。先にも述べたが、この制度に対する無理解が、誤解や勘違いを引き起こして「生活保護バッシング」を招いてしまっている面がある。そのため、まずは利用できる制度の仕組みを知り、理解を深めておきたい。

生活保護を利用する場合、まずは住んでいる地域の最寄りの福祉事務所に行き、窓口で生活保護を申請したい旨を伝える。福祉事務所では、担当者から生活保護制度に関する説明を受け、保護の申請書類に記載してもらうなどの手続きを行う。ただし、申請すれば誰でも保護を受けられるわけではない。資産調査を受け、保護対象として認定される必要が

図6-1　生活保護申請のプロセス

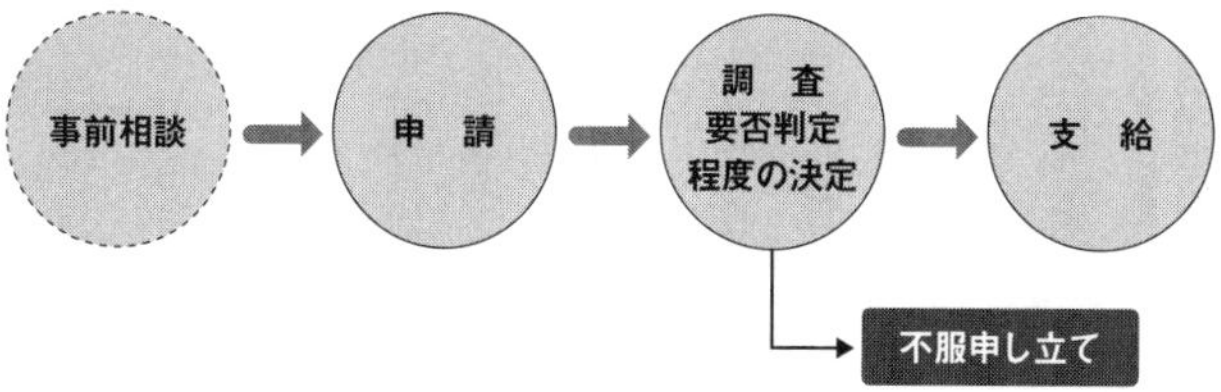

ある（図6－1）。

調査としては、対象者の生活状況を把握する実地調査（家庭訪問など）、預貯金や保険、不動産などの資産調査、扶養義務者による扶養の可否の調査が行われる。さらに、現在の社会保障給付（年金など）や就労収入、今後の就労の可能性なども調査し、審査をする。

保護が決定すると、厚生労働大臣が定める基準にもとづく最低生活費から、年金や就労収入、親族からの援助などを差し引いた額が、「保護費」として毎月支給される。支給される保護費は年齢や世帯人数、住んでいる地域によって異なるが、東京都の単身世帯の場合は13万円程度（住宅扶助費上限額含む）となる。また、世帯構成員が増えると、支給される金額が増えていく。生活保護に受給期限はないが、保護基準を超える収入が継続的にある場合など、保護の必要がないと判断されると、保護は停止または廃止となる。

生活保護を受けるための要件

生活保護は、八つの扶助（生活扶助・住宅扶助・教育扶助・医療扶助・介護扶助・出産扶助・生業扶助・葬祭扶助）から構成されている。それぞれの詳細は次のとおりで、日常的には生活扶助と住宅扶助の二つを合算された金額を現金で支給されることが多い。

生活扶助……食費、被服費、光熱費など、日々の生活にかかる費用
住宅扶助……家賃、部屋代、地代、住宅維持費（修繕費）、更新料、引っ越し費用など
教育扶助……子どもの義務教育にかかる費用
医療扶助……病気やケガをした際の薬代、最小限の通院費など
介護扶助……介護サービスの費用
出産扶助……病院や助産施設で出産するための費用
生業扶助……就職するための技術を習得する費用など
葬祭扶助……葬式などの費用

生活保護を受けるための要件は、月々の収入が厚生労働大臣の定める「最低生活費」

（居住地域、家族構成などを考慮して算出される）を下回っていることが大前提となる。また、資産（車や宝石、利用していない不動産、貯蓄性の高い保険など）を所有している場合、原則保護を受ける前後に売却して生活費にあてることが求められている。ただし、生活に用いている土地や家屋などで、処分価値が低い場合は手放す必要はない。車についても、仕事に必要であり、病院の送迎、山間へき地など、自立を助けるために必要不可欠と認められた場合は所有が認められている。

さらに、15歳から64歳までの稼働年齢層（働ける年齢層）に対しては、心身が健康で十分働けるとみなされた場合は、就労指導を受けて働くことが求められる。ただし、高校進学のための「高等学校等就学費」は、生業扶助から給付される。また、働く場所がなかったり、その機会に恵まれない人、病気やケガを抱える人は受給が可能だ。もちろん、65歳以上の高齢者は就労を求められることはない。しかし、元気なうちは前述したような社会貢献事業などボランティアで共有財の管理・運営にかかわることが望ましいだろう。

以上が生活保護制度の大枠だが、受給内容や要件は各世帯の事情によって異なる。より詳しく知りたい場合は、最寄りの福祉事務所やＮＰＯ団体、社会福祉士などに相談してほしい。

利用率の低い生活保護

生活保護やそれに準じた公的扶助制度は他の国にもあり、多くの人が利用している。年金収入が足りなかったり、働いても収入が足りなかったりするときに利用し、生活費や住宅費などを受給している。

捕捉率（生活保護を利用する資格がある人の利用率）で比較すると、欧米先進国（アメリカ、イギリス、ドイツ）が40～80%とされるのに対し、日本は推計25～26%と著しく低い。「餓死」や「孤独死」の問題が絶えないのも、貧困状態にありながら生活保護を受けていないことが大きな要因としてある。

日本女子大学名誉教授の岩田正美氏は、その著書『生活保護解体論』のなかで、生活保護制度は、「十分「必要な人」をとらえて、日本の貧困を削減させてきたかといえば、おそらくノーでしょう」と述べる。また、「たくさんの人びとが、食糧支援の列に並ぶというのに、それらの「今、貧困である」状態がなぜもっと生活保護の利用に結びつかないのでしょうか」と、そのもどかしさを表明する。厚生労働省で長年にわたり、生活保護基準の議論に参加し、社会保障による貧困削減を訴えてきた委員にここまでいわせてしまうほど、日本の生活保護制度は機能していない。

生活保護の年間申請件数は、リーマン・ショックの影響を受けた09年度以降、ずっと減り続けてきた。さらに、安倍政権は13年に生活保護基準額引き下げに踏み切った。すなわち13年から15年にかけて、生活保護費は食費や光熱水費などの「生活扶助費」の基準額が平均6・5％、最大10％ほど引き下げられ、各自治体は支給額を減額した。これに対し、生存権を保障した憲法に反するとして、支給額引き下げの取り消しを主張し、全国29の裁判所で国を相手取り訴訟が起こされている。

この減額は、物価下落率をもとにした「デフレ調整」（減額分は3年間で580億円）や、生活保護世帯と一般の低所得者世帯の生活費を比べて見直す「ゆがみ調整」（減額分は3年間で90億円）を反映したとされているが、この調整の合理性が問われている。22年10月現在、国の違法性を認めたのは大阪、熊本、東京、横浜の各地裁で4例を数えた。この保護費減額についての判断過程に過誤や欠落があったことは、徐々に認められていくのではないか。

コロナ禍の影響で、20年度の申請件数は11年ぶりに増加に転じた。だがそれでも、生活支援の現場では、生活保護への忌避を表明する人は多数見られる。所持金が数十円になり、路上生活になっても「生活保護だけは受けたくない」と話す人が、いまだに多い。神戸学院大学教授で社会保障論を専門とする田宮遊子氏は、公的年金と生活保護に対する捉え方の違いを、以下のように述べる。

ここまで制度的に成熟した公的年金をもっていながら、高齢者の生活保護受給者が増えるというのは、年金制度の設計ミスとも言えよう。

また、高齢者本人の側に立ってみたとき、自身が受け取る社会保障給付が年金であるのか生活保護であるのかは、意味あいが異なってくる。公的年金を受給していることを恥ずかしいことだと考えている人はいないだろう。それほど、今や公的年金制度は所得の高低にかかわらず、皆で支えて利用しあう制度になっているからだ。他方で、生活保護受給に対するスティグマは強い。

（SYNODOS「年金制度改革から生まれた低年金・無年金者の「ばくち」」）

仮に生活保護を受けていても、地域の子ども食堂に行き、ボランティア活動をするなど、賃労働以外の部分で社会的に貢献できることはたくさんある。ところが、「生活保護を受給すれば、周りからダメな人間とみなされる」と感じる人は多い。それゆえに生活保護受給者の社会参加、社会活動への参加は意欲的になりにくい。周囲の眼差しが行動を抑制してしまうこともある。

「他人に迷惑をかけてはならない」「家の恥を外にさらしたくない」などの気持ちが先立ち、「施しを受けるぐらいなら死んだほうがマシだ」と思う人もいる。生活保護を受ける権利があるのに、それを拒む高齢者は少なくない。こうして生活保護の漏給（生活保護受給資格がある貧困状態にもかかわらず、受給していないケース）という問題が発生する。

一方、生活保護を受けていて、心理的にスティグマを背負う感覚の強い人は、自分を卑下する傾向にある。そして、子どもと関わることや、ボランティアに行くのに抵抗を感じてしまいがちだが、このままでは主体的に何かを頑張ろうという気持ちにはなれず、やがてコミュニティを閉ざして孤立するおそれがある。

前述してきたように、今後の日本社会はライフラインすら維持していけない地域が多発する。そこでは、年金受給者だろうが、生活保護受給者だろうが、賃労働以外に地域を支える役割を発揮してもらうことが望まれる。そこで差別意識が広がっている場合、地域社会の運営そのものに支障をきたしてしまうだろう。

「生活保護バッシング」の影響

「生活保護には頼らない」というプライドを否定するわけではないが、それを美徳として捉えるわけにはいかない。美徳として容認すれば、他の生活保護受給者や貧困に悩む人たちに、一層負い目を感じさせてしまうからだ。生活保護制度は単なる福祉制度の一つであり、年金制度や障害者福祉制度、国民健康保険、失業保険、労災などと同様に、困ったときには受給して何ら問題ないものだ。

にもかかわらず、12年に人気芸人の親が生活保護を受けていることが報道されて起きた「生活保護バッシング」がきっかけで、生活保護制度に強い敵意が向けられた。「誰かが(不正に)得をしている」、すなわち「自分たちが損をしている」という短絡的な考えが攻撃性に拍車をかけた。私たちなどの生活支援団体も、「貧困ビジネス」(経済的に困窮した人の弱みにつけこんで利益をあげようとする事業)、「福祉NPOは怪しい」という見方がされ、攻撃の対象になった。なぜこうした批判が生じたのだろうか。

「私たちの税金を必要以上にたくさん使う者は、容認しがたい」という意識、これに「貧困になったのは自業自得。生活保護を受けるのは甘え」「貧困は個人の努力で解決すべき。税金を投入する問題ではない」という論調で、苦しい人がさらに苦しむという悪循環に陥ってしまっている。本来、穏やかな老後を送るはずだったのに、病気や事故、熟年離婚など、やむを得ぬ事情で困窮を強いられている高齢者は多い。そういう人に限って、バッシングを気にして受給をためらう傾向がある。

生活保護に対するバッシングが生まれる要因として、不正受給の問題がある。しかし、不正受給の割合は保護費全体の0・4％程度で、これは他の先進諸国と比べても極めて低い数値だ。どんな社会保障制度も不正受給を完全にゼロにすることは難しい。しかも、その0・4％の中には、「高校生の子どものアルバイト料は申告する必要がないと思ってい た」など、制度に対する知識が足りずに起きたものも含まれている。悪質な不正受給はごくわずかなのである。

もう一つ、生活保護受給の阻害要因として、申請者の3親等以内の親族（親・子・きょうだい・祖父母・孫）からの援助が可能かどうかを問い合わせる「扶養照会制度」がある。資産（預貯金、証券、土地・家屋、自動車、貴金属類など）や稼働能力、親族の支援などを加味しても、なお足りない分を生活保護として支給する。諸外国には、ここまで厳正に調査をする仕組み自体がない。幅広い親族に自分の困窮を知られるのが嫌で、生活保護の受給を諦める人は少なくない。

こうした状況を受け、厚生労働省も「扶養義務の履行が期待できない者」に対しては、扶養照会をしなくてもよいと通知している。具体的には、扶養義務者が生活保護利用者、福祉施設入所者、長期入院患者、働いていない人、未成年者、70歳以上の高齢者、10年間音信不通の者などの場合である。

コロナ禍で「明日は我が身だ」と思うような出来事が相次ぎ、生活保護に対するバッシングはやや落ち着いてきた感もある。生活保護を受給する高齢者も、徐々にではあるが増えてきている。生活保護は決して忌避される手段ではなく、年金同様に条件はあれど誰でも請求できる権利があるセーフティーネットだということは、これからもねばり強く主張していく必要性を感じる。年金が足りなければ遠慮なく保護請求権を行使する高齢者が増えてほしい。

社会保障における「選別主義」と「普遍主義」

社会保障には、「選別主義」と「普遍主義」という考え方がある。

生活保護は誰もが受けられるわけではなく、一定基準以下の人たちが保護請求して給付を受けられるという意味で、選別主義的な制度だ。一方、国民皆保険や皆年金に代表されるような、すべてに遍《あまね》くという仕組みは、普遍主義的な社会保障である。アベノマスクと呼ばれた布マスクや国民一人あたり10万円が配られた特別定額給付金も普遍主義的な施策といえる。

「選別主義」と「普遍主義」は、単純にどちらが優れているというわけではないが、『続・下流老人』でもお話をうかがった、慶應義塾大学の井手英策教授は次のように述べる。

普遍主義にはさまざまな強みがある。まず、特定の誰かをターゲットにしないから、「もらう者」と「取られる者」の区別を生まない。取られるだけの側から見れば、もらう者は嫉妬の対象である。当然、不正な利用がないか受益者を監視し、疑わしければ非難の声を生む。「貧しい人たちだけに配ると社会が分断される」という最近の批判は、まさにこの点を問題にしている。

日本の社会保障は「申請主義」であり、受益者になりたければ、自治体等への申請が必要となる。その際、例えば生活保護であれば、恥ずかしさをこらえながら、自分の所得の少なさや理由を告白せねばならない。それどころか、扶養可能な親族がいないか、家族や親戚にまで連絡が及ぶこともある。いわゆる社会的スティグマだが、こうした問題を回避できるのも万人を受益者にできる普遍主義の強みだ。
（「毎日新聞」21年12月23日　政治プレミア「普遍主義か？　バラマキか？　現実的な普遍主義の可能性」）

ただし井手氏は、この記事で全国民に給付金を配るやり方を「普遍主義の装いをした現金の大盤振る舞い」として必ずしも評価しているわけではない。給付の普遍主義化とは、本来「現金」ではなく、教育や医療、介護の無償化、低額化といった「ベーシックサービス」を万人に保障することを指し、「現実的な普遍主義」の道を探ることを訴えている。そもそも現金を使う機会が少ない社会であれば、現金をわざわざ配らなくても良い。端的にいえば、お金を使わなくても健康で文化的に生きられる福祉社会を創りだせばいいのだ。

保育、教育、医療、介護、住宅といったベーシックサービスの「脱商品化（低額化、無償化、普遍化）」については、佐々木隆治・志賀信夫編著で私も加わった『ベーシックインカムを問いなおす』でも、その必要性が述べられている。

給付金について話を戻せば、政治家は「本当に困っている人たちに配りたい」と語る。しかし、真に困っている人を探り当てられるのか、という問題がある。

22年9月、物価高騰が家計を直撃するなか、政府は低所得者である住民税非課税世帯に対して、5万円の給付を決めた。しかし、住民税非課税で給付の線引きをすると、賃貸暮らしで貯金が少なく、子どもがいて出費がかさみがちな勤労世帯に給付されない一方で、持ち家で預金がそれなりにある年金生活者には給付されるといった矛盾が出てくる。

現在、野党でも所得制限などをふまえた選別主義型の給付金を提唱しているが、それもどうだろうか。選別を完璧に行うのは難しいため、「皆が困っているのに、何であいつだけ」という不公平感が噴出してしまいがちだ。

休業が求められるなど迅速な給付が求められる場合、2万円でも3万円でも、現金があれば助かるというのが本音なので、仮にもし配るのであれば全国民に一律で行ったほうがいいだろう。困っていない人にも行き渡るが、それは税務署が所得を把握して、徴税すればいい話だからだ。

『続・下流老人』で私は以下のように書いている。この考えは、いまも変わらない。

「困っている人だけでなく、普通の暮らしをしている人も、お金持ちにさえ、全員に分け隔てなく公的サービスを分配する。つまり、〝全員を受益者〟にする。

そんな社会にできたら、人々は互いにいがみ合うことをやめ、再び手をとりあって助け合えるのではないだろうか」

ベーシックインカムの実証実験

普遍主義か選別主義かの話は、ベーシックインカムの議論にも通じる。

「基本所得保障」とも訳されるベーシックインカムは、頭文字をとってBIと呼ばれ、政府が国民全員に、生活に最低限必要な現金を無条件で給付する「普遍主義」的な制度だ。18世紀末に社会政治学者のトマス・ペインらによって構想され、1970年代から欧米を中心に実現の可否が議論されてきた。新型コロナウイルス感染症の拡大によって注目が高まり、フィンランドやドイツ、アメリカのロサンゼルス市など、海外ではすでに実証実験が行われている。

このなかでもフィンランドでは、17年1月から18年12月にかけて2000人の失業者を対象に月560ユーロ（約7万円）の非課税のベーシックインカムを支給する実験を行った。受給者は、健康やストレスに関する問題が減り、経済状況を自らコントロールしやすくなり、経済的に守られていると感じるようになったという。一方で、雇用への影響は限定的であったが、ボランティア活動など、新たな社会参加を促すケースもあったそうだ。

また、従来からの失業手当と比べ、失業手当は働いた分、額が引かれるもののベーシックインカムは引かれないため、働く意欲が削がれないという報告もある。

私の考え方にはベーシックインカムに対して賛成する部分と反対する部分があって、生活保護の生活扶助費部分はベーシックインカム化（部分的ベーシックインカム）すべきだと思っている。年金受給者や障害者、労災受給者も含むが、生活保護の生活扶助費部分は、都市部の単身世帯だとだいたい8万円ぐらいになる。そこに年金、医療扶助、住宅扶助、家賃補助などを加入状況や必要に応じて追加支給するものだ。

一方で、新自由主義型のベーシックインカム案（負の所得税を元にした、給付付き税額控除）は、生活保護や年金などを廃止して一元化し支給するというものだ。これは単なる福祉削減になるおそれがあり、弱者切り捨てにつながる乱暴な提案である。

生活保護や児童手当、社会保障など、何もかもを一元化して現金を配るだけというのは、はたして効果的な方法たりうるだろうか。

薬物やギャンブル、アルコール依存などの問題を抱える人に、現金を渡したら生活の悪化に拍車をかけてしまうのではないか。あるいは、現金を渡しても子どものために使えない親も存在するので、いろいろな事例を考慮しながら行う必要がある。

さらに、ベーシックインカムの議論をする際、必ず出てくるのが「財源をどう確保するか」という問題だ。ベーシックインカムに限らず、社会保障の拡充を主張する際には必ず巻き起こるのが財源論である。『下流老人』を出版したときも、「下流老人が大変なのはわかる。だけど、そのための財源はどうすればいい」などの反応を多数いただいた。

国債や借入金、政府短期証券の残高を合計した「国の借金」は、22年度6月末時点で1255兆1932億円になる。ちなみに、『続・下流老人』を刊行した15年度末時点では1049兆3661億円なので、わずか7年弱で200兆円強も借金が増えた計算になる。この数字を見たら、「社会保障の拡充なんて、とても……」という議論になってしまう。

ただし、日本政府にお金がないのは以前から知られていることで、新党さきがけの武村正義蔵相（当時）が「財政危機宣言」を出したのは1995年のことである。それから四半世紀を過ぎたが、日本でデフォルト（債務不履行）の兆候が出たことは一度もない。ロシアがウクライナに侵攻すると、「日本も防衛予算を増やしましょう」という話になるが、物価高騰を受けて社会保障を手厚くする動きは鈍い。「どうにか自力で頑張ってください」となるのだ。

残念ながら、財源論が入ると議論が行き詰まってしまうので、まずは日本でも地域的な実証実験を始めてみてはどうだろうか。21年の衆議院議員総選挙で、日本維新の会はベーシックインカムの導入を公約として掲げた。同党の重点政策「日本大改革プラン」にも、ベーシックインカムの導入が盛り込まれている。選挙で議席数を大幅に伸ばしたのも、こうした政策が要因となっているはずだ。

日本維新の会には大阪府という確固たる地盤がある。そこで提案なのだが、まずは大阪でベーシックインカムの実証実験を始めるというのはどうだろうか。日本ではまだ実証実験が行われないまま議論をしている。つまり、机上の空論である。しかし、それではいつまで経っても話は進まないので、まずは大阪の自治体で始めて、さまざまな課題をあぶり出していったほうが、より具体的に議論が進んでいくのではないだろうか。

急がれる「最低保障年金制度」への議論

ベーシックインカムにやや似た構想として、最低限の年金額を保障する「最低保障年金制度」がある。09年、民主党が「全国民一本の所得比例年金と税方式による月額7万円の最低保障年金をつくる」というマニフェストを掲げ、衆議院議員総選挙に勝利して政権交代した。だが結局は実現に至らず、次の衆院選で敗れて野党に転じた。

そして21年、菅義偉首相の辞意を受けて行われた自民党の総裁選で、河野太郎候補が「最低限の年金を保障する案」を提言した。年金の最低保障部分を消費税で賄い、誰でも満額受け取れるようにするものだが、河野氏が総裁選に敗れたことで、その後は議論されていない。しかし、いまや誰もが「下流老人」になるかもしれない状況で、第1章、第2章などで見てきたような深刻化する低年金、無年金の問題を解消するためには、最低保障年金制度にまで踏み込んで、その導入方法を検討する時期に来ているのではないだろうか。

河野氏は、「年金に最低保障は必要で、保険料ではなく税でやるしかない」と語っていた。つまり、公的年金（国民年金）の保険料を払えなかった人、払わなかった人に対しても、一定額の年金を支給するような制度を意味している。こうした年金額の最低保障をすることで、無年金やごく少額の年金しかもらっていない人を包摂するとともに、生活保護への支出が抑えられる。格差是正のための効果的な対策だと思う。

1989年の結成当初から、最低保障年金制度の創設を要求し、活動を続けてきた全日本年金者組合は現在、次のように提言している。

1　最低保障年金を受給する3つの支給要件
①すべての日本国在住者が対象
②20歳を過ぎてから日本に10年以上住んでいる
③65歳から支給

2　支給額…ひとり月額8万円を支給（傍線筆者）
①財源は消費税に頼らず、国庫負担と事業主負担で賄う
②現在の基礎年金の国庫負担分と企業（事業主）負担分は、最低保障年金の財源に充てる
③最低保障年金制度創設の前に納めた国民年金保険料は、2階部分の新国民年金として支給。厚生年金保険料は、2階と3階の新厚生年金として支給

最低保障年金では、月額8万円を支給することになっているが、これは保険料納付を前提としていない。つまり誰でも等しくもらえるものだ。どんな年金も受給していない無年金者にも月額8万円が支給される。財源などについても、2の①〜③にプランが示されている。

ちなみに、この提案を記載する「最低保障年金制度実現への提言（第3次提言）」には、沖縄の無年金者の声として次のようなものが収載されている。

「現在、妻と2人暮らし。年金は妻だけで私自身は無年金です。中学卒業後、地元（離島）で勤め（年金加入無）、23歳本島で勤務（年金加入無）、その後季節工として半年本土で勤務、沖縄本島に戻り61歳まで勤務（年金加入無）。その後別の工場で働きましたが保険料を納めることが出来ませんでした。以来無職・無年金のため妻の年金（月3万1000円）で生活しています」（60代男性・沖縄）

沖縄では、アメリカの占領に伴って年金法の適用が本土より20年近く遅れた。そのため、無年金者の割合が全国平均よりも高くなっているのだ。最低保障年金が導入されれば、こうした人たちも救済され、格差を是正する効果が期待される。

22年度の国民年金（満額）は月額6万4816円で、前年度から0・4％（259円）の引き下げとなった。国民年金は満額でもそれで暮らしていける額とはいいがたいので、別枠で現物支給という形での住宅供給をしたり、家賃補助をしたり、項目は他にも増やしていかなければならない。生活保護制度を分解し、より受給しやすいように「社会手当化」していくことも望まれる。

「住宅保障」の実現に向けて

22年9月、「日本経済新聞」に論説委員の柳瀬和央氏による「「住宅」が社会保障になる日　低年金でも生活可能に」という記事が載った。

「日本の社会保障制度には大きく6つのメニューがある。年金、医療、介護、障害者福祉、生活保護、そして子育て支援。だが欧州の主要国では7つあるのが普通だ。欧州にあって日本にないもの。それは「住宅」である」という指摘から始まる論考は、市民活動家で、住まいの貧困問題に取り組む稲葉剛氏らと私が求めてきた最重要ポイント「住宅保障」の議論を促す提言であった。

生活保護や最低保障年金とあわせて論じたいのが、高齢者の住宅費負担軽減である。高齢者にとって、住宅費の負担は想像以上に大きい。家賃が高いので、年金などの収入のほとんどが住宅費に消える人もいる。

総務省統計局の「平成30年（2018年）住宅・土地統計調査」によると、高齢単身世帯の33・5％が借家に住んでいるとされる。割合は2013年（34・0％）に比べてやや低下しているが、高齢単身世帯が住む借家の数は増えている（187万世帯→213万世帯）。

また持ち家であっても、子育てが終わって不要となった二階部分は物置状態になりがちで、掃除も行き届かない上に固定資産税も増えて余計に家計を圧迫する。介護が必要になれば、現役時代は何でもなかった段差が邪魔になるので、住宅改修費用も必要となる。

22年5月に行われた政府の全世代型社会保障構築会議の中間整理では、「今般の新型コロナ禍においては、住居確保給付金へのニーズをはじめ、「住まい」の課題が顕在化した。まずは、こうした足元の課題への対応を検討していくとともに、将来、独居の困窮者・高齢者等の増加が見込まれる中にあって、住まいをいかに確保するかは老齢期を含む生活の維持にとっても大きな課題となるため、制度的な対応も含め検討していくことが求められる」と報告されている。

私はコロナ禍により、「ネットカフェの休業で、寝泊まりする場所を失った」「寮付きの住み込みの仕事をしていたが、仕事を失うと同時に住まいも失った」などの相談を多く受けた。「家賃が払えない」「家賃の滞納で立ち退きを迫られた」など、コロナ前は普通に暮らしていた人たちが、家を失う光景をいくつも見てきた。

私が社会的に弱い立場の人たちの支援活動を始めたのは、学生時代に偶然知り合ったホームレスの「おっちゃん」がきっかけである。その方は元信用金庫の支店長だったが、うつ病を患ってホームレスになってしまった。おっちゃんとは週に1～2回会っていたが、ある日突然、おっちゃんが住むテントが撤去され、会えなくなってしまった。そこで自分の無力さを強く感じ、おっちゃんの悲劇を繰り返したくないという思いから、ホームレス支援の活動を始めるに至った。

NPO法人の理事として生活困窮者の相談を受けるなかで、「家賃さえなければ助かる」という声はよく聞く。これは高齢者に限った話ではなく、全世代の貧困に共通する問題である。日本の社会保障の中でも特に遅れているのが住まいの支援だ。「健康で文化的な最低限度の生活」をするために住居は必要不可欠なものなので、住宅保障はいち早く実現させる必要がある。

フランスやスペインなどの欧州では、「住宅は社会が引き継いでいくもの」であり、公共財という意識が強い。次の世代に引き渡すために、安く、公共的に整備するので、住宅の公的支援も充実している。世界遺産であるサグラダ・ファミリアやグエル公園を設計したスペイン建築家のアントニ・ガウディは、カサ・バトリョ、カサ・ミラなどの住宅も同時期に設計した。これらを視察するたびに思うが、スペインの住宅に対する公共意識は強い。建設時期はいずれも19世紀末であり、100年以上を経過した現在、何度も改修を加えながら現役の住宅として使用されている。日本には同潤会アパートなどがあったが、すべて取り壊されてしまった。

フランスでは「家賃補助制度」という公的支援政策によって、民間の賃貸住宅に住む低所得の人々の家賃負担を軽くしている。現在は約2割の人が住宅手当を受けているが、これは住宅を「社会生活を営むうえで必要な最低限の社会権」と捉えているからだ。

一方、日本の住宅に関する公的支援は、欧州などに比べると見劣りする。生活保護の一つである「住宅扶助」と、失業や離婚などで住む場所に困った人に支給される「住居確保給付金」があるが、それぞれに課題がある。

生活保護は支給までに各種調査を乗り越えなければならず、住居確保給付金の対象は原則求職活動中の人だけで、しかも支援は最長9か月にとどまる。公営住宅などの社会住宅も、日本は欧州に比べて供給量が極端に限られているので、低所得者が入居を希望しても入れないことが多い。相談支援活動を進める中で、「公営住宅に入れれば、家計は相当楽になるのに……」とボヤく声を耳にする。

日本の公的な住宅支援が乏しい背景には、住宅を消費材として見る向きが強いからだ。その結果、「住宅は自分で確保するもの」と認識している人がとても多い。

特に1980年代以降、政府の住宅政策は経済対策の意味も帯びていた。「持ち家信仰」

が高まり、住宅ローンは最長25年から35年、そしていまや50年ローンまで登場している。持ち家を取得させるための優遇政策（住宅ローン減税など）は充実したが、低所得者が民間賃貸住宅を借りるための支援や軽減措置は、一向に充実していない。住宅が確保できないから河川敷で暮らすとか、ネットカフェで寝泊まりするとか、そういうことは本来あってはならない。

前出の稲葉剛氏も次のように述べる。

> 「住まいの貧困」を克服し、安心して暮らせる住まいがすべての人に保障される社会にしていくためには何が必要なのでしょうか。
>
> そのためには、まずわたしたちの「住まい」に対する意識を変えていくことが必要です。日本居住福祉学会会長の早川和男神戸大学名誉教授は、「日本人は住宅に公的支援がないことに疑問を感じない。マインドコントロールにかかっているようなものだ」と指摘しています。住宅ローンや月々の家賃負担が人びとの生活に重くのしかかり、自分の住まいを確保することが労働の主目的になっているような日本社会の現状に対して、まずは「おかしい」と声をあげること。それがマインドコントロールを解

き放つ第一歩でしょう。（傍線筆者）
（稲葉剛ら編『わたしたちに必要な33のセーフティーネットのつくり方』合同出版）

まずは私たちの頭の中にある住まいに対する偏った認識を、改めていく必要があるだろう。それが広がれば、収入のほとんどが家賃に消える高齢者、貧困で満足な住環境が得られない人をどう助けられるのかという議論があちこちで発生し、深まっていくはずだ。

住宅ローン返済のため、過酷な長時間労働を強いられなくてもいい生活モデルもでき上がっていくだろう。住宅は必ずしも私的所有するものではない、という意識を少しずつ広げていきたいものだ。

空き家は住宅保障につながるか

誰もが健康で文化的な最低限度の生活を送るには、住宅政策の転換を図る必要がある。そもそも公営住宅というのは、その理念に沿ってできた制度なので、最初の理念どおりに進めてもらえればいいだけなのだ。計画を立てて、各都道府県に公営住宅を増やす。それを実現させる前提となるのが、日本で急増している空き家である。

総務省の住宅・土地統計調査によると、18年の空き家の総数は849万戸。20年前に比べて273万戸も増えている。空き家率は13・6％で、20％を超える地域もある。賃貸用・売却用以外の住宅の空き家は20年で約1・9倍に増えており、一戸建て（木造）の空き家は240万戸近くもある。適切な管理がされていない空き家は、老朽化による倒壊、景観の悪化、放火による火災、ゴミの不法投棄など、さまざまな問題の発生因子になる。そのため、政府も「空家等対策の推進に関する特別措置法」を施行し、対策に乗り出している。

こうした空き家を、公営住宅とまでいかなくても、共同管理・共有財産化するのが望ましい。安くて安心して住める住宅インフラを整備することで、住まいの貧困の解消が期待できるからだ。もはや、地方や過疎地域の空き家などは必要とする人と世帯に転売禁止などの条件をつけて譲渡すればいいのである。

厄介なのが、「儲けの論理」を持って空き家問題に介入する輩がいることだ。建築業者や不動産業者は「空き家を有効活用しましょう」とうたって、日々セミナーなどを開催している。だが市場化すると、結局は会社の利益を上げることが最終目的になる。それでは、住まいの貧困問題の根本的な解決にはつながらないだろう。だからこそ、公共による管理、あるいは共同管理が必要なのである。

社会福祉において市場原理が最もむき出しになっているのが有料老人ホームの利用料で、著しい格差が生じている。温泉付き、図書館があるなどの高級施設がある一方で、3～4畳半のシンプルなものもある。お金がないと東京都内の老人ホームに入れないので、地方の老人ホームに入ることになる。首都圏に住む人たちは「都落ち」と呼んでいる。介護は医療や教育と同じく、誰もが生きていくうえで必要なサービスである。ところが、商品化が進んだことで格差が生まれ、家族に会いたいが、老人ホームが遠く離れているからなかなか会えないなどの事態を招いている。

こうした市場化の動きを空き家問題に波及させないためにも、自治会が空き家を買い取り、皆で資産を持ち寄って共同管理するなど、地域が主体となって対策をするのが、あるべき姿だといえる。

NPO法人「ほっとプラス」でも、住宅確保が困難な方たちのために、さいたま市内のアパートや空き家を施設として借り上げ、自立支援を行っている。地域の空き家を支援付き住宅にしたり、シェルターにしたり、グループホームにしながら活用している。生活が落ち着いた方には近隣の公営住宅や民間アパートなどを斡旋し、自立した生活が送れるようリポートしている。単に住宅を提供するだけでなく、見守りや声かけを通じて、孤立しない環境、相談しやすい環境を整えている。

一方で、空き家の活用には課題もある。空き家を見に行くと、改修が難しい物件が少なくない。家は管理しないとボロボロになっていくので、「ウチの空き家を使ってよ」といっていただいても、改修費用が高すぎて断念するケースは多い。空き家が余っているとはいえ、現実にはそう簡単にはいかない事情がある。

いずれにしても、このまま放置していれば、撤去費用ばかりが膨らんでいく全国各地の空き家を、いかに資源として住宅保障の一部を担わせられるか、今後の政策次第で社会のあり方が変わっていく。

家賃補助制度も導入を

さらに、最初は低額でもいいので、日本でも家賃補助制度を取り入れていきたい。フランスでは母子世帯の約9割、若者も約3割が家賃補助を受けている。住宅政策を専門とする神戸大学の平山洋介教授も、その著書『住宅政策のどこが問題か』で「民間借家の入居者に対する家賃補助は、住宅保障の不公平さを緩和する有力な選択肢である。公営住宅に入居できる／できない世帯の双方に政府援助が届くからである」と、その必要性を述べている。

家賃が払えないからといって無銭飲食、窃盗や強盗未遂をして逮捕され、刑務所を〝終の住み処〟にするケースは後を絶たない。おにぎりを万引きして服役し、出所後にまた同じことをして裁判になり、「刑務所にいるほうが楽だから」という人もいた。多くの場合、人を本気で傷つける気はないので強盗未遂で終わるのだが、これを繰り返してしまうのは、決して健全ではない。

私たちのＮＰＯでも、弁護士や法務省、保護観察官から相談を受け、出所間近の方を受け入れることがある。出所後に生活保護などの福祉にきちんと結びつけないと再犯率が高まるので、私たちのもとにつないでくれる法曹関係者は多い。

昨今の世の中は、「悪い奴は厳罰に処すべき」という厳罰化や、社会的排除の方向に流れている。しかし、再犯を繰り返す人の多くに経済的要因があり、その中には病気や障害などで「働けない」という問題がひそんでいることもある。そうした人たちが必要最低限の生活を送るためには、まずは住まいを確保することが大事であり、新しい住宅政策を打ち出すことが求められている。

おわりに――歴史的な日本経済の衰退と物価高が加速するなかで

戦後、日本は高度経済成長を遂げたが、いまや急激に経済が衰退しながら消えていく流れ星のようである。超高齢化、超少子化を背景に、どのように衰退局面と対峙すべきなのか、試行錯誤が続く。

最近の私はどこまで「日本沈没」が進めば、社会システムの変革が起こるのか、興味深く支援現場から社会情勢を見つめているといえるのかもしれない。いままでの社会システム、生き方、暮らし方をどれほど早期に手放し、変革できるのか、各自が試される時代になっていくのだろう。

現在の高齢者は、戦後生まれの65歳でも、高度経済成長期を経験し、いわゆる大量生産・大量消費社会を支えてきた。なかでもテレビ、洗濯機、冷蔵庫という白物家電「三種の神器」の普及、自動車の普及はGDPを拡大させ、その過程で豊かさを体感し、多くの人がマイホームを持ち、たくさんの子どもが生まれてきた。

こうした恩恵もあり、現在40歳の私（1982年生まれ）が育った環境も、幼少期から家電製品、自動車、ゲーム機など、あらゆる物質に溢れ、便利な暮らしを享受できていた。子どもの出生数減少は課題でありつつ、人口も2008年のピークまではほぼ一貫して増加、横ばいを続けてきた。それゆえに私の幼少期時代の日本は、資本主義国のなかで最も成功した国と評価された時代でもあった。

そのようななか、気付けば、日本はアジア諸国のなかでいち早く典型的な欧米型（主要先進諸国）の帝国的生活様式へ急激に移り変わっていった。

これからも方法を変えれば、経済は成長し、暮らしもさらに良くなっていくのではないか、という漠然とした「前進性」を当然視したり信仰する人々はまだいるかもしれない。いままでの価値観、暮らしに大きな変化は必要ないと思う方もいるかもしれない。

ぜひ本書を通じて、前述のような暮らしを疑う人が増えてくれたら幸いである。

私も含む就職氷河期世代、さらに若いZ世代は現在の資本主義に多くの疑問を有し、持続可能な社会システムへの転換について模索せざるを得ない世代だ。暮らし自体も「ミニマリスト」が話題になるように、必要最小限の家電製品、物資……、もちろん住宅も購入が必須ではない。

それらを保有できない収入しか得ていない、という側面もあるが、自動車なども「シェアリング経済」として共有財産化し、使いたいときだけ使えばいいと考える。

特に地方では私有財産制の崩壊局面が覆い隠せないほどになっている。利用しなくなり、相続する価値さえなくなった土地、休耕地が溢れかえっている。これらを共同利用、あるいは地域住民が民主的に議論し、共有地として管理し、協同労働しながら食料生産する実践が始まっている。山林、水道、公共交通機関も共同管理体制が敷かれ始めている。

大量生産、大量消費、開発主義、私有財産制などの資本主義システムが限界を迎えつつあるなか、全国各地の「フードバンク」(5章参照)などは、別の新しい生活スタイルを模索している力強い動きだ。価値が薄くなった私有地(休耕地、休耕田、放棄地)を価値ある共有地に変えながら、みんなの利益のために、みんなで食糧生産、無償配布の場に変えていく「みやざきフードバンク」の取り組みは、地域課題に取り組む実践例として希望の光である。

本書でも指摘した、これらの必然的で地道な変革実践、変革への取り組みが明日の衰退日本にどう良い影響を与えていくのか、注意深く見守り、サポートしていきたい。

そういう意味では、ようやく日本は社会変革の契機を迎えているのだろう。本書のはじめにでも述べたように、パラダイムシフトは確実に始まっている。『続・下流老人』のあとがきで、「生活の苦しさや理不尽さに気づいた一人ひとりが、互いに手を取り合うことで、社会を変える大きなエネルギーを生み出せると信じている」と書いたが、まさにそうした連帯が始まりつつある。

現在、日本では賃金上昇がないまま、歴史的な円安、物価高騰を迎えている。円安については、出口戦略（明確な計画目標）がないままに、異次元で無責任に実施された金融緩和政策（アベノミクス）実施の副作用ともいわれる。無理やり市場の貨幣流通量を増加させて、経済成長に固執した末路である。日本円の信用、価値が毀損し続ける時代に入っている。

経済成長しか人々が幸せになるモデルがないという誤った考えに支配された国、経済成長の亡霊に取り憑かれた国の最期を見ているようだ。

残念ながら、高齢者が残していく日本社会の惨状をありのままに認めて共有し、ポスト資本主義社会を構想することを始めないと地域社会は持続していけない。

電気、ガス、水道など生活インフラに関連する値上がりも顕著だ。政府、自治体も補助金や軽減策に乗り出しているが、限定的な効果にとどまる。原油などエネルギー資源は他国に依存しているため、国内で快適な暮らしを維持するコストは今後も上がり続けるだろう。食料品も原油高、原材料高、円安を背景に軒並み値上げが続く。これに対して、政府は限定的な現金給付など場当たり的な対応に終始している。

食料生産の自給率は戦後に減少し続け、多くの食料品の調達は輸入品に頼ってきた。つまり、生活全般にわたり他者依存、他国依存の経済システムのなかで生きている。

本書で取り上げてきた高齢者とその家族の暮らしへの悪影響は、今後も拡大するだろう。『下流老人』出版時から比べても、さらなる悪化は止まっていない。

現在の深刻な社会情勢、社会課題に対して、考えられうる有効な政策、社会運動、地域実践を挙げてきた。こうした取り組みを社会全体で共有して、一歩ずつ歩んでいくしかないのだろう。

もはや安易に「希望」を語れる情勢にはないので、本書が提示する日本の未来は一貫して暗い。

振り返ってみれば、拙著はどれも読後感として読者を暗澹たる気持ちにさせてしまうようだ。ここまで暗い気持ちにさせるのは日本社会の現状の深刻さに起因する。また、「一億総中流」という言葉に象徴されるように、みな横並びでいれば、ある程度の生活が享受できていた期間を日本人はいささか長く過ごしてきてしまった。それは経験豊かな年上の人、権限を持っている人に従っていれば良かった時代だったかもしれない。政治は誰が執行しても高度経済成長の後押しによる恩恵が受けられた。

そのためか、いまも同一性、均一性が尊重され、権威主義的な同調圧力が社会システムの隅々に根深く残っている。

この同調圧力、無言の圧力は日本改変にとって大きな障害である。変えなければならないときに、「おかしい」と声を上げにくくなっているのだから。

今後の日本では高齢者も若者も世代や出身、国籍も関係なく、同調圧力に屈することなく、変化を求め、異議申し立ての声を尊重できるか、がより重要になってくるだろう。もう声の大きい人、権限を有する人に任せているだけでは社会は良くならない。

これまでは耳障りのいい多様性尊重、ダイバーシティとスローガンを掲げるだけだったが、いよいよその本質に向けて本格的に取り組まないと私たちの生活に支障をきたすようになっている。誰もが貧困、困窮に陥る当事者になる可能性が高まっているからだ。まさに自分の価値観に合わない人を大事に尊重できるか、共生できるのか、問われ続ける時代である。

明るい展望が少ないなか、厳しい状況を逆手にとって、考え方を転換して豊かに生きる道筋もできるだけ示したつもりだ。また、他の識者、論者による共感できる考え方や主張についても、これまでの著書以上に引用するなどして紹介した。こうした同じ問題意識や目標を共有できる方々が増えてきたことを『下流老人』から7年が経ち、実感している。連帯の可能性は高まっている。

じつをいえば、『下流老人』『続・下流老人』のとき、初期に買って読んでくださった読者は、ご自身が「下流」というよりは、ある程度、経済的には余裕がある方々ではなかったかと思っている。というのも、この時代、本を買えるというのは時間的にも経済的にも一定のゆとりがあることが前提だからだ。ただ、そうした方々も将来に対する不安は非常に強く、ちょっとした躓きでいつ何どき自分も転落するかわからないという思いを抱えている。そのため必要以上にお金を貯め込み、退蔵する傾向もあるように思う。振り返れば、コロナ禍での10万円の給付金も多くが将来の備えとして貯蓄に回った。将来不安が高まっているときの庶民の防衛策は貯蓄しておくことだからだ。収入が増えないので、「インフレが起きると、買い急ぎによって消費支出がより増える」という経済学のセオリーも成り立たない。

このように将来不安に対しての警戒心、防衛意識は依然として高いが、それを乗り越え、うち克つためのアクションやヒントをこの本から読みとっていただければ幸いである。本書に最後までお付き合いいただいたことに感謝申し上げたい。

このような暗い社会情勢を分析した書籍にもかかわらず、本書の内容を社会化する意義を感じ、粘り強く出版までお付き合いいただいたNHK出版の依田弘作氏、取材活動や執筆作業をサポートいただいた古川琢也氏、林美保子氏、常井宏平氏など多くの方にお力添えいただいた。関係者、チームメンバー、取材対象者すべてに感謝を申し上げ、本書を締めくくりたい。

2022年11月

藤田孝典

校閲　髙松完子
本文組版・図版　米山雄基

藤田孝典 ふじた・たかのり
1982年生まれ。社会福祉士。
ルーテル学院大学大学院総合人間学研究科博士前期課程修了。
NPO法人ほっとプラス理事、反貧困ネットワーク埼玉代表。
聖学院大学客員准教授。
誰もが不安なく生きられる社会のあり方について活動と提言を行う。
著書に『下流老人』『続・下流老人』(いずれも朝日新書)、
『棄民世代』(SB新書)、『コロナ貧困』(毎日新聞出版)など。

NHK出版新書 685

脱・下流老人
年金、生きがい、つながりを立て直す

2022年12月10日 第1刷発行

著者 藤田孝典 ©2022 Fujita Takanori
発行者 土井成紀
発行所 NHK出版
〒150-0042 東京都渋谷区宇田川町10-3
電話 (0570) 009-321(問い合わせ) (0570) 000-321(注文)
https://www.nhk-book.co.jp (ホームページ)

ブックデザイン albireo
印刷 新藤慶昌堂・近代美術
製本 藤田製本

Printed in Japan ISBN978-4-14-088685-4 C0295

NHK出版新書好評既刊

50代で決める！
最強の「お金」戦略
荻原博子
50歳からの賢い働き方、トクする保険・年金の活用術、年金だけで暮らせる家計づくりのコツなど、家計経済の第一人者が最新「裏ワザ」を徹底指南！
660

鎌倉殿と執権北条氏
義時はいかに朝廷を乗り越えたか
坂井孝一
伊豆の地方豪族だった北条氏は、いかに流人時代の頼朝と出会い、熾烈な権力闘争の末に承久の乱を制したのか。時政・政子・義時を軸に描きだす。
661

日本人にとって
キリスト教とは何か
遠藤周作『深い河』から考える
若松英輔
神とは、死とは、信仰とはどういうものか。いま最も旺盛な活動を続ける批評家が、遠藤文学の集大成『深い河』を軸に、霊性と宗教の交点を見出す。
662

ナチスと鉄道
共和国の崩壊から独ソ戦、敗亡まで
鴋澤 歩
新車輛開発競争、交通政策をめぐる組織内外の駆け引き、鉄道からみた独ソ戦、死の特別列車——。知られざる歴史を、通史として描き出す。
663

ポスト・ヒューマニズム
テクノロジー時代の哲学入門
岡本裕一朗
なぜいま、哲学で「人間」が問題となるのか。「思弁的実在論」「加速主義」「新実在論」など、21世紀現代哲学を、具体的論点を踏まえて明瞭に解説！
664

小林秀雄の「人生」論
浜崎洋介
稀代の知性が一貫して追求した「日本人が真に幸福に生きるための心構え」とは？ あの難解な文章が読めるようになる、小林秀雄・超入門講義！
665

NHK出版新書好評既刊

商業美術家の逆襲
もうひとつの日本美術史
山下裕二
従来の日本美術史の枠をはみ出した破格の商業美術家の作品をカラーで多数収載。浮世絵からマンガまで、知られざる「美の系譜」を明らかにする!
666

現代哲学の論点
人新世・シンギュラリティ・非人間の倫理
仲正昌樹
パンデミックやテクノロジーの急速な進化など、社会の変化によって哲学に今どのような問いが生まれているのか? 8つの論点を鋭く解説!
667

日本人の宿題
歴史探偵、平和を謳う
半藤一利
保阪正康[解説]
「昭和史の語り部」として慕われた半藤一利さん。没後一年、NHKラジオ番組での「語り」をもとに再構成した日本人への「遺言」。保阪正康の解説付き。
668

「旧制第一中学」の面目
全国47高校を秘蔵データで読む
小林哲夫
「地元最強ブランド」の根拠は何か。なぜステータスを維持する学校と失う学校があるのか。明治から令和までの逸話が満載、教育関係者も必読!
669

オードリー・タンが語るデジタル民主主義
大野和基[インタビュー・編]
市民参加型の政治討論、新しい投票方法の導入、徹底した情報公開…。台湾の天才デジタル大臣が、民主主義の革新的なモデルの精髄を説く。
670

テルマエと浮世風呂
古代ローマと大江戸日本の比較史
本村凌二
アッピア街道と東海道から権力のあり方を考え、ワインと日本酒から民衆の暮らしに思いを馳せる。異なる歴史を比べて愉しむ10のエッセイ。
671

NHK出版新書好評既刊

百歳
いつまでも書いていたい
小説家・瀬戸内寂聴の生きかた
瀬戸内寂聴
楽しい法話で多くの日本人から愛された寂聴さん。ラジオに遺された「小説家」としての言葉に、人が快活に生きるためのヒントがちりばめられている。
672

史伝 北条政子
鎌倉幕府を導いた尼将軍
山本みなみ
鎌倉殿の妻、母、そして尼将軍へ。頼朝亡き後、政子はいかにして幕府を守ったのか？ 中世史の新鋭が新史料を駆使して迫る、史上随一の女傑の全貌。
673

教養としての「数学I・A」
論理的思考力を最短で手に入れる
永野裕之
二次関数や統計など高校数学の初歩に親しむことで、社会人に必須の「数学リテラシー」を身につける。数学学びなおしのプロがわかりやすく解説。
674

壁とともに生きる
わたしと「安部公房」
ヤマザキマリ
人間社会のジレンマを昆虫観察するかのように描いた戦後作家、安部公房。その恐るべき俯瞰力と先見性を、気鋭のマンガ家が生き生きと語る。
675

実践・哲学ディベート
〈人生の選択〉を見極める
高橋昌一郎
反出生主義に英語教育、ルッキズムからAI倫理、意思決定論まで。「教授」と「学生たち」のディベート形式で哲学的思考を鍛える画期的入門書！
676

『パンセ』で極める人間学
鹿島 茂
博覧強記の仏文学者が、西洋哲学の古典『パンセ』から、現代人にとって切実かつ魅力的な部分を抽出し、自身の訳と解説で編み直す、新しい哲学ガイド。
677

NHK出版新書好評既刊

お白洲から見る江戸時代
「身分の上下」はどう可視化されたか
尾脇秀和
お奉行様のお裁きの前になぜ出廷者の「座席決め」が問題となったのか？　役人たちの苦労の背後に、幕府が守ろうとしていた「正義」を見出す快作！
678

考証　鎌倉殿をめぐる人びと
坂井孝一
大河ドラマ「鎌倉殿の13人」の時代考証者が、平安末期から鎌倉時代に活躍した人物の虚像と実像を徹底解説。人間関係や出来事の背景に迫る！
679

私の文学史
なぜ俺はこんな人間になったのか？
町田康
現代文学の大立者・町田康が、影響を受けた文学や音楽・浪曲・落語など、自身の創作の裏側について、はじめて内面を「暴露」する文芸ファン待望の一冊。
681

メタバースビジネス覇権戦争
新清士
プラットフォーム争奪戦を勝ち抜くのは、どの企業か?!　VRビジネスを長年取材してきた著者が、GAFAMから日本企業までの動向を徹底解説！
682

オスとは何で、メスとは何か？
「性スペクトラム」という最前線
諸橋憲一郎
雌雄はじつは連続している？　性は生涯変わり続ける？　全ての細胞は独自に性を持っている!?　様々な生き物から解き明かす、常識が変わる生物学講義。
683

「気づき」のがん患者学
サバイバーに学ぶ治療と人生の選び方
古川雅子
現場を20年近く、100人以上の患者を取材してきた著者が、最新治療を取り入れる際の考え方、仕事も人生も諦めない方法など、ヒントを伝える。
684

NHK出版新書好評既刊

脱・下流老人
年金、生きがい、つながりを立て直す

藤田孝典

高齢者の困窮はどうやって解決できるか。最低限の年金を保障する制度、生きがいの回復、地域におけるつながりの創出等の視点から提言する。

685

試験に出る現代思想

斎藤哲也

センター試験・共通テスト「倫理」厳選23問を入口に、20世紀以降の哲学の流れと見取り図を示す。難解な思想の基本がサラリとわかる入門書!

686

壊れゆく世界の標《しるべ》

ノーム・チョムスキー
デヴィッド・バーサミアン［聞き手］

社会の底が抜けた今、我々はどのような指針とアイデアを持つことができるか? 現代最高の知性がコロナ禍のアメリカで示した変革の構想と道筋。

687

新説 家康と三方原合戦
生涯唯一の大敗を読み解く

平山優

信玄が見抜いた、家康の弱点とは!? 家康に最大の危機をもたらし、その後の戦国史を大きく転換させた合戦の真相と、歴史的意義に迫る!

688

禁断の進化史
人類は本当に「賢い」のか

更科功

知能の高さと生物の繁栄は直結しているのか? なぜ知能だけでなく、意識が進化したのか? ベストセラー生物学者が、人類史最大の謎に迫る。

689